?

Was ist die Frage?
2023

Kim Helbig

Kim - Tobias Helbig
Schönebürgstr. 42, 74564 Crailsheim

Verlag:
BoD · Books on Demand GmbH, In de Tarpen 42,
22848 Norderstedt
Druck:
Libri Plureos GmbH, Friedensallee 273, 22763 Hamburg
ISBN: 978-3-7583-0391-3

wasistdiefrage.de
kimhelbig.de
© 2023

Nicht ‚Was ist die Frage?‘ zu schreiben ist wesentlich,
sondern das zu realisieren,
worauf ‚Was ist die Frage?‘ hinweist.

Inhalt

Was ist die Frage? 2023

Skizzen aus zwei Perspektiven: Janice und Kim

Vorwort Dezember 2023

Es ist der 27. Dezember 2023. In diesem Jahr habe ich eine Entscheidung getroffen, die einer Einsicht folgt und von der ich mir eine große Entspannung erhoffe.

Die Einsicht:
Es gibt nicht DIE EINE Version von ‚Was ist die Frage?‘, sondern beliebig viele, wenngleich sie alle eine gemeinsame Form beschreiben und auf dasselbe hinweisen.

Die Entscheidung:
Ich werde also nicht mehr versuchen, eine möglichst perfekte Version des Buchs zu schreiben, da es hierfür gar kein Maß gibt. Stattdessen schreibe ich, wie bisher auch, regelmäßig Versionen des Buchs ‚Was ist die Frage?‘ – und, wie ich mir vorgenommen habe, mindestens eine jährlich.
Dies geschieht auch in dem Wunsch, die versuchten Texte in gedruckter Buchform in Händen zu halten, statt sie ausschließlich auf wasistdiefrage.de, was-ist-die-frage.de und kimhelbig.de zu wissen.

Die aus dieser Entscheidung folgende grundsätzliche Entspannung wird gerade von einer Anspannung überlagert, da sich das Jahr dem Ende zuneigt und die erste dieser Versionen ‚Was ist die Frage? 2023‘ heißen soll. 2024 klingt einfach nicht nach einem Jahr, in dem man solche Entscheidungen trifft. Außerdem soll noch eine Weile offen bleiben, wie ‚Was ist die Frage? 2024‘ aussehen wird.
Für ‚Was ist die Frage? 2023‘ muss ich einsehen: Ich schaffe es nicht, eine fertige Version des Buchs zu schreiben. Aber das ist – gerade wegen dieses neu etablierten Versionen-Systems – auch gar nicht nötig. Die Versionen dürfen von Jahr zu Jahr ruhig unterschiedlich unfertig sein. Unfertigkeit ist ja gerade das Wesen von Versionen und einer vermeintlichen Fertigkeit fehlt doch, wie gesagt, ohnehin das Kriterium.

Also ist in diesem Buch nun Folgendes zu finden:

Zuerst eine Sammlung kurzer Texte, die Gedanken aus dem Umkreis von ‚Was ist die Frage?' formulieren. Diese entstammen Posts aus Social-Media-Kanälen für Was-ist-die-Frage-Gedanken, die dieses Jahr entstanden sind.
Da diese eher den Charakter einer Rundheit oder Abgeschlossenheit tragen, stelle ich sie dem Versuch, das eigentliche Buch zu schreiben, hier voran. Mögen sie als gedanklicher Auftakt dienen.

Dann ‚Was ist die Frage? 2023', aus neun Büchern (Großkapiteln) bestehend, deren erstes ziemlich fertig geworden ist und deren acht weitere ich gedenke in den nächsten zwei Tagen zwar nicht auszuformulieren, aber zu skizzieren.
Einige kurze Notizen, die 2023 neu sind und in Folgejahren als Erinnerungsstütze helfen könnten, sollte hierhin ein Blick zurück geworfen werden, lasse ich in den Kapiteln 2-9 stehen.

In friedlicher Verneigung, mit Liebe,
Kim

PS am 29. Dezember:

Gestern, am 28. Dezember, haben Janice und ich beschlossen, dass es schön wäre, die Skizze der Bücher 2-9 aus zwei Perspektiven zu formulieren, ihre und meine. Deshalb haben wir einen gemeinsamen Spaziergang unternommen, wie wir es 2018-2020 oft getan haben, während dem wir das Buch in seinem groben logischen Verlauf durchgesprochen haben. Der Spaziergang ging von 15 bis 16:30 Uhr. Im direkten Anschluss haben wir uns die Frist gesetzt, bis 18 Uhr, bis zum Abendessen das Besprochene niederzuschreiben. Neben der Einhaltung dieser zeitlichen Frist (um ‚Was ist die Frage? 2023' noch in diesem Jahr fertigzustellen), war die gemeinsame Vorgabe, im Schreiben nie zurück zu gehen und stetig zu tippen.

Dabei haben wir beide das erste Buch/Kapitel in unsere Skizze mit aufgenommen, obwohl es hier auch ausführlicher formuliert erscheint.

Mit großer Zufriedenheit präsentieren wir in dieser Ausgabe diese beiden Perspektiven.

In friedlicher Verneigung also, mit Liebe,
Janice und Kim

Notizen und kurze Texte 2023

'Die Frage war doch eigentlich.. '

'Was ist die Frage?' ist die Frage, mit der man ein Gespräch dahin zurückführt, wovon es ausgegangen ist.

'Die Frage war doch eigentlich...' ist dann die Antwort darauf und die Frage zu stellen, bedeutet einen vollständigen Abbruch des laufenden Gesprächs.

Man hat sich in diesem oder jenem, vielem verirrt, was aber nicht schlimm ist, weil man es

'Die Frage war doch eigentlich...'

'Was ist die Frage?' ist die Frage, mit der man ein Gespräch dahin zurückführt, wovon es ausgegangen ist.

'Die Frage war doch eigentlich...' ist dann die Antwort darauf und die Frage zu stellen, bedeutet einen vollständigen Abbruch des laufenden Gesprächs.

Man hat sich in diesem oder jenem, vielem verirrt, was aber nicht schlimm ist, weil man es jetzt ja bemerkt hat. Also geht es zu einem vorigen Gedanken zurück. Dies gilt innerhalb eines bestimmten Gesprächs. In Reinform bezieht sich die Frage aufs Denken überhaupt, wo es keinen bestimmbaren Anfang gibt, zu dem zurückgekehrt werden könnte. Es gibt kein Ende des Satzes 'Die Frage war doch eigentlich...' und so bleibt nur die Frage selbst und schließlich Stille übrig.

Die Dreiteilung Bewusstsein, Schein, Sein ist nicht haltbar.

Die Sinne können täuschen, heißt es.

Aber die Sinne behaupten gar nichts. Sie befinden sich stets im Vergehen, sie können nicht irren, nicht täuschen, weil sie keine Kongruenz mit etwas Zweitem behaupten.

Das Denken stellt Behauptungen auf. Es ist das Denken, das sich täuschen, das irren kann.

Ein Axiom des Denkens ist die Dreiteilung von allem in den Denkenden, das Gedachte und das,

Die Dreiteilung Bewusstsein, Schein, Sein ist nicht haltbar.

Die Sinne können täuschen, heißt es.

Aber die Sinne behaupten gar nichts. Sie befinden sich stets im Vergehen, sie können nicht irren, nicht täuschen, weil sie keine Kongruenz mit etwas Zweitem behaupten.

Das Denken stellt Behauptungen auf. Es ist das Denken, das sich täuschen, das irren kann.

Ein Axiom des Denkens ist die Dreiteilung von allem in den Denkenden, das Gedachte und das, was das Gedachte meint, die Tatsächlichkeit, Materialität oder Lebendigkeit, das Wesen, das Sein, das Ding selbst. Dies ist die (notwendig und einst romantisch) vermeinte Trennung von Bewusstsein, Bewusstseinsinhalt (gedanklich geordnete Phänomene) und Sein.

Wenn man aber nur konsequent genug denkt, findet sich, dass das Denken ein Übergangszustand ist. Phänomene und Gedanken haben keine Ausdehnung, keine Dauer, keine Existenz, sind eigentlich gar nicht fassbar, greifbar, auffindbar. Das Denken unterliegt nicht der Illusion, es ist die Illusion selbst und die Illusion ist, dass das Denken existiere.

Ohne Gedanken tauchen die behaupteten Phänomene aber wieder ein in mich selbst, Bewusstsein, welches sich sodann auch wieder in seiner Einheit mit Sein findet.

Die Ferne (ich) und die Nähe (bin) sind nur in Worten Gegenteile, eigentlich grenzenlose Weite.

DASS es so ist, dass diese Trennung die ursprüngliche Irritation alles menschlichen Daseins ist, – das kann und sollte vielleicht zu Beginn des Buchs WidF erwähnt werden.

Ich bin immer in Ruhe.

Womit 'Was ist die Frage?' auch zunächst
Recht und dann Unrecht hat, ist seine
Bedeutungs-Facette als
'Lass mich in Ruhe!',
'Was willst du von mir?',
'Warum redest du (mit mir)? Warum bist du
nicht ruhig?'.
-

Ich bin immer in Ruhe.

Ich bin immer in Ruhe.

Womit 'Was ist die Frage?' auch zunächst Recht und dann Unrecht
hat, ist seine Bedeutungs-Facette als
'Lass mich in Ruhe!',
'Was willst du von mir?',
'Warum redest du (mit mir)? Warum bist du nicht ruhig?'.
-
Ich bin immer in Ruhe.

Was meint dieses 'auch'?
'Was ist die Frage?' funktioniert in zwei Schritten oder auf zwei
Ebenen. Im ersten Schritt behauptet (und bestätigt) sie sich selbst
als der Eine Gedanke, der (entgegen allen anderen) gedacht
werden soll. Im zweiten Schritt zeigt sich das wahre Wesen dieses
Gedankens, da auch er selbst nicht gedacht werden soll. Um aber
das Denken als ganzes zu beenden, muss erst ein Gedanke
kommen, der alle anderen beendet, um dann sich selbst als
letzten beenden zu können.

Es gilt: Wenn überhaupt (etwas) gedacht werden soll, dann 'Was
ist die Frage?'. Aber es soll überhaupt nicht gedacht werden.

Mit seiner Selbstbehauptung hat 'Was ist die Frage?' also zunächst
auch Recht, dann Unrecht. Eigentlich hatte sie von vornherein
Unrecht, aber wenn du das einsiehst, gibst du ihr vielleicht
nachträglich Recht.

WidF als fehlendes oder unmögliches Verständnis

Man kann auch "Was ist die Frage?" fragen, wenn man das Gefühl hat, jemand hat etwas gefragt,....

Also
"Bla bla bla ... ? .... "

.... ----

"? ... WidF?"

...

Zusätzlich zu den Bedeutungs-Facetten als "Hä?" oder "Wieso sprichst du überhaupt?", "Wieso denkst du überhaupt?" schwingt also auch der Aspekt "Es gibt nichts zu verstehen. Ich verstehe nicht.

WidF als fehlendes oder unmögliches Verständnis

Man kann auch "Was ist die Frage?" fragen,

wenn man das Gefühl hat, jemand hat etwas gefragt, will etwas sagen und fragen, aber man versteht einfach nicht, was. "Was ist die Frage?" ist die reine Nachfrage, wenn man glaubt, dass eine Frage gestellt wurde. Und es ist (pragmatisch) immer eine Frage gestellt. Jede Aussage fragt nach Akzeptanz, Antwort, Kommunikation usw.

Also "Bla bla bla ... ? ... . " .... -----"? ... WidF?" ...

Zusätzlich zu den Bedeutungs-Facetten als "Hä?" oder "Wieso sprichst du überhaupt?", "Wieso denkst du überhaupt?" schwingt also auch der Aspekt "Es gibt nichts zu verstehen. Ich verstehe nicht. Weil ich Stille bin und das ist das Gegenteil von diesem vermeintlichen Verständnis in Worten, nach dem du zu fragen scheinst, während es das aber gar nicht gibt." WidF ist "Ich verstehe nicht, WEIL du (Gedanke) da bist. Du (Gedanke/Sprechen/Wort) blockierst die Sicht. Verstehen ist nur in Stille" Das ist die reine Nachfrage "Was?". Fragen und WidF als reines Fragen führen zu Stille, worin einzig Verständnis liegt, auch wenn zu kurz greifender Verstand irrtümlich Gegenteiliges vermeinen kann.

Das Nichts ist
ebenso beständig
wie der Wandel.

Siehe, alles ist im Wandel,
es ist Wandel,
es gibt nichts Stetes, Statisches,
Unveränderliches, Permanentes usw.

Das Nichts ist ebenso beständig wie der Wandel

Siehe, alles ist im Wandel,
es ist Wandel,
es gibt nichts Stetes, Statisches, Unveränderliches, Permanentes usw.

Dann aber kommt zu Recht der Einwand (und das ist der Knackpunkt, die Gefahr, wo etwas einzusehen ist und nicht zu früh aufgehört werden darf):
Aber diese Einsicht gilt doch immer, ist also selbst nicht im Wandel begriffen, sondern gilt stets, für immer, permanent.

Das stimmt, Universalgesetze gelten. Aber Gültigkeit ist nur dem Denken zugänglich und dieses ist selbst nicht permanent. Die Aussage, etwas gelte, ist höchstens frequentisch präsent, flackert. Wenn sie sich aber mit ihrer Gültigkeit identifiziert, ist es Irrtum.

Was ist aber dieses Gefühl, dass es so etwas wie Gültigkeit oder Ewigkeit doch gibt? Das bist du selbst, denn Stille, was du bist, ist einzig außerhalb von Wandel, da sie nichts ist und der Satz, dass alles im Wandel ist, nur Etwasse betrifft.

Die wichtige Einsicht nun, dass dieser Satz selbst im Wandel begriffen ist, in seinen Buchstaben, seinem Klang, seinem Gedachtwerden, - diese Einsicht katapultiert dich aus dem Vermeinen von Gültigkeit in Sätzen hin zum unmöglichen Fokus auf dich selbst.

Dieser Regress ist potenziell unendlich, tatsächlich aber ewig und somit schon jetzt vorbei.

Er gleicht dem Regress der Frage 'Wer bin ich?', die ebenso findet, dass keine gedankliche Antwort auf sie möglich ist.

Wie viele vergleichbare Regresse gibt es? WidF Kapitel 7. Vollständige Aufstellung möglich? Wie immer vermutlich nicht.

D.h. es gibt keine Welt, in de

Insekten riesig sind und die

Menschen klein.

Keine, in der Pi eine andere Zahl ist und

keine, in der Spiderman

realer ist als ein Comic.

Es gibt keine Paralleluniver𝗌

das Paralleluniversum, das selbst keine

Größen

Alle Dinge haben eine (höchstens flimmernde, oszillierende) genaue Größe, die relativ zu allen anderen Größen absolut bestimmbar ist.

D.h. es gibt keine Welt, in der Insekten riesig sind und die Menschen klein. Keine, in der Pi eine andere Zahl ist und keine, in der Spiderman realer ist als ein Comic.

Es gibt keine Paralleluniversen, da das Paralleluniversum, das selbst keine Paralleluniversen hat (das es ebenso geben müsste wie den Stein, den Gott nicht selbst hochheben kann), sonst alle anderen schlucken würde.
Dieser Satz meint nicht sich selbst, die Welt ist ausschließlich Wandel einschließlich dieses illusorischen Satzes.

Die Unendlichkeit zwischen allem ist kein Maß. Wenn sich alles beliebig vergrößern oder verkleinern oder in seiner Chronologie, seinem Ort oder seiner Logik beliebig verschieben ließe, dann wäre bei Verkleinerung zu wenig Platz und bei Vergrößerung der Irrtum messbaren Nichts', als ob es sich ausdehnen ließe.
Sowohl unendlich klein als auch ewig weit bist einzig du.

Bei diesen wichtigen Fragen,

Sinn des Lebens,

wie das Glück finden,

weshalb ist alles.., usw…

Sind das überhaupt die

richtigen, wichtigsten Frag

Welche ist die richtige Frage? Welche

Frage falsch gestellt bzw überhaupt falsch, dass gefragt

Bei diesen wichtigen Fragen, Sinn des Lebens, wie glücklich werden/sein, wie das Glück finden, weshalb ist alles.., usw... Da ist im ersten Schritt zu sehen: Sind das überhaupt die richtigen, wichtigsten Fragen? Welche ist die richtige Frage? Welche ist die wichtigste Frage? Welche Frage ist überhaupt zu stellen? Was ist die Frage?

Aber mehr noch, viel mehr noch:
Ist überhaupt Fragen, ist Fragen überhaupt das richtige Medium? Überhaupt zu fragen nimmt ja unhinterfragt an, dass das Denken das richtige Medium sei. Es determiniert die Antwort, das Gesuchte, dass es dort oder in der Richtung oder Weise zu finden sei, wie/in der gefragt wurde.
!!!!!

(Das ist der Gedanke, den ich aufschreiben wollte. Der muss unbedingt rein in WidF Kapitel 3!)

Wenn ich noch (einen Schritt zurück) das Denken oder Fragen selbst als Medium anzweifle, bleibt nur Stille.

Das ist die letztendliche Selbstauflösung der Frage WidF.

Irgendwann bleibt nur die Umkehrung des Blicks zurück auf mich selbst.

Glück kann nicht gesucht werden. Es zu suchen ist unhinterfragt das falsche Medium, es zu finden. Die Annahme, dass es zu suchen sei, ist vielleicht zunächst oder zwischenzeitlich notwendig, aber letztlich und auch immer schon und völlig eigentlich falsch! Solange es gesucht wird, ist es Objekt und kann nicht gefunden sein. Gefunden sein kann es nur in Identität mit mir, dem Subjekt, aber dann kann es nicht gefunden sein, weil es von mir nicht verschieden ist und dann nie von mir verschieden gewesen sein kann und hinsichtlich meines Glücks kann ich auch nicht Subjekt sein, weil sich die Relation auflöst. Wenn es das Glück als Objekt (im anderen, zweiten) nicht gibt, weil es nur im Subjekt ist, ist die Einsicht, es ist auch nicht im Subjekt, weil es das Subjekt nur als Suchender gibt. Ich bin nicht Subjekt, Objekten unterworfen. Objekt sowieso nicht. Ich liege in der Richtung Subjekt. Aber auch überall, also auch in allen vermeintlichen Objekten.

Das große Geheimnis (Zauberei)

Der verständige Leser von 'Was ist die Frage?' gleicht Harry Potter, der aus seiner Besenkammer zum großen Zauberer aufsteigt.

Das, worauf 'Was ist die Frage?' hinweist, bleibt immer das große Geheimnis, egal, wie viel ich oder jemand anderes darüber rede(t), weil es nicht in Worten oder irgendwelchen Phänomenen liegt.

"Was ist die Frage?', des schreibsch immer mal noch nebenher.'

Für was (dir) wirklich wichtig ist, hast/findest du immer Zeit (vgl Kafka schrieb nachts). Und mehr noch: Es ist sogar besser, möglichst noch mehr Tätigkeiten aufzunehmen, um zu sehen, dass

zwischen allen Momenten unendlich viele weitere sind, in denen das Wesentliche erledigt werden kann!

Wenn du (vermeintlich) gar nichts zu tun hast, schaffst du weniger von dem, was du eigentlich willst, als wenn du (ebenso vermeintlich) überhaupt keine Zeit dafür hast. Das Wichtigste

''Was ist die Frage?', des schreibsch immer mal noch nebenher'

... ist ein altes Bonmot. Damals ironisch oder zynisch gemeint, weil die Welt mir vermeintlich keine Zeit dafür lässt.

Neue, ernsthaftere Umdeutung: Für was (dir) wirklich wichtig ist, hast/findest du immer Zeit (vgl Kafka schrieb nachts). Und mehr noch: Es ist sogar besser, möglichst noch mehr Tätigkeiten aufzunehmen, um zu sehen, dass zwischen allen Momenten unendlich viele weitere sind, in denen das Wesentliche erledigt werden kann!

Wenn du (vermeintlich) gar nichts zu tun hast, schaffst du weniger von dem, was du eigentlich willst, als wenn du (ebenso vermeintlich) überhaupt keine Zeit dafür hast. Das Wichtigste oder Wesentlichste geschieht in einem rückwärts oder orthogonal zur Zeit gelebten Selbst/Moment.

Ein Film, ein Lied, ein Text, ein Bild, ein Gericht liefern nicht wesentlich weniger Daten als die Wirklichkeit, die sie umgibt.

Der Mensch ist zum Fernsehen geboren!

Der Mensch ist zum Fernsehen geboren.

Wenn man einen Film schaut, taucht man völlig ab, obwohl es "nur" ein Film ist. Ebenso bei einem Buch, einem Musikstück, einem Bild usw. Dass es sich dabei um einen guten Film, um ein gutes Buch usw. handeln muss, ist ein anderes Thema (von konsistenter Digitalität, von Konsequenz, Übereinstimmung mit sich selbst, möglicher Geschichte usw). Hier geht es nur um die Möglichkeit des Abtauchens.

Die ist mathematisch begründbar. Das phänomenale Erleben, das wir unsere Wirklichkeit nennen, ist sowieso nur eine Abfolge endlich weniger Daten, die ihre scheinbare Lückenlosigkeit und Fülle nur durch Interpretation (Illusion) erhalten. Ob diese Daten nun um einige weniger sind, spielt kaum noch eine Rolle. Die Interpretation ist es, die die unendliche Lücke überbrückt.

X durch unendlich ist bei endlichem X gleich groß, nämlich null, egal wie groß das X ist.

Kurz: Ein Film, ein Lied, ein Text, ein Bild, ein Gericht liefern nicht wesentlich weniger Daten als die Wirklichkeit, die sie umgibt. Der Mensch ist wesentlich zum Fernsehen geboren.

Tiefschlaf happy

Eigentlich müsste jeder
die ganze Zeit drüber nachdenken,
wie glücklich man im Tiefschlaf ist.
Aber man kann nicht drüber nachdenken,
weil er unsichtbar ist.

Tiefschlaf happy

Eigentlich müsste jeder die ganze Zeit drüber nachdenken, wie glücklich man im Tiefschlaf ist. Und wie heilsam er ist, erholsam. Aber man kann nicht drüber nachdenken, weil er unsichtbar ist, undenkbar und vermeintliche Abwesenheit.

Die Weisen sagen, er ist deine eigene ungestörte Anwesenheit und dass du dieses Glück selbst bist, das dich von allem erholen lässt.

Es ist jedem das Wertvollste und doch Selbstverständlichste. Aber siehe: Was in der Abwesenheit von allem da ist, muss auch während der Anwesenheit von allem (tagsüber, im Wachzustand) da sein. Schau auf dich selbst.

Leonardo Cheeseburger

Wenn du ein Kind bist und deine Eltern dir sagen, um dich zu trösten oder zu belohnen:

Du darfst so viele Cheeseburger essen, wie du magst.

Dann heißt das weder, dass du jetzt mindestens tausend essen musst, noch dass du die Belohnung verschwendest, wenn du nur einen einzigen isst, noch dass du für immer auf ewig unendlich viele Cheeseburger essen musst, um der Güte dieser Erlaubnis zu entsprechen.
Nein, die zugestandene Freiheit ist unumstößlich durch den Sprechakt der Eltern gegeben und besteht selbst dann, wenn du daraufhin nie wieder einen Cheeseburger isst. So ist es mit allem, was je passiert ist. Alles, was je war, ist auf

Leonardo Cheeseburger

Wenn du ein Kind bist und deine Eltern dir sagen, um dich zu trösten oder zu belohnen: Du darfst so viele Cheeseburger essen, wie du magst.
Dann heißt das weder, dass du jetzt mindestens tausend essen musst, noch dass du die Belohnung verschwendest, wenn du nur einen einzigen isst, noch dass du für immer auf ewig unendlich viele Cheeseburger essen musst, um der Güte dieser Erlaubnis zu entsprechen.

Nein, die zugestandene Freiheit ist unumstößlich durch den Sprechakt der Eltern gegeben und besteht selbst dann, wenn du daraufhin nie wieder einen Cheeseburger isst. So ist es mit allem, was je passiert ist. Alles, was je war, ist auf ewig unverlierbar so gewesen. Und es gibt nichts Schlimmes, was je war, sondern das vermeintlich Schlimme ist nur das Ende von etwas Gutem. Und gleich der Erlaubnis der Eltern, beliebig viele Cheeseburger zu essen, gilt ein ewiges Gesetz, das noch den subtilsten Naturgesetzen übergeordnet ist. Das ist so, dass in der kleinsten Zeiteinheit das Höchste vollständig präsent gemacht werden kann. Weil es der Fall ist, wie ein gütiger Zuspruch.

Es ist wie in diesem Interview mit Leonardo di Caprio, in dem er von dem Moment erzählt, als er bemerkt hat, wie berühmt er durch den Film Titanic geworden ist. Der Gedanke an etwas Großartiges schießt derart weit hoch in den Himmel, dass er schon aufgehört hat, Gedanke zu sein, bevor das Universum erschaffen worden ist.

Wenn du **ein Verlangen** fühlst nach

epischer Orchestermusik,

dann spüre deinen nächsten Atemzug.
Ausatmen fühlt sich glorreich an. Ok,
vielleicht musst du husten, aber das ist
nur vorübergehend. Dein Atem vorerst nich

Du musst dabei aber alles andere, was du s
noch so denkst und wahrnimmst, rauskürz

Verlangen nach Orchestermusik

Wenn du ein Verlangen fühlst nach epischer Orchestermusik, dann spüre deinen nächsten Atemzug. Ausatmen fühlt sich glorreich an. Ok, vielleicht musst du husten, aber das ist nur vorübergehend. Dein Atem vorerst nicht.

Du musst dabei aber alles andere, was du sonst noch so denkst und wahrnimmst, rauskürzen, ausblenden. Sonst funktioniert's nicht. Das ist allerdings ein Hinweis auf dich selbst. Atmer bist du ja erst in zweiter Linie, im ersten Nebenjob von viel zu vielen.

Die Vielheit ist mathematisch ableitbar als Schaum des Eigentlichen.

Ich halte die wirklich guten Dinge wie das Allgegenwärtige für übersehen.

Die Unwahrscheinlichkeit deines Lieblingslieds.

Wenn es nicht geschrieben oder gesungen worden wäre, wären sich irgendwann welche einig, dass es da etwas gibt, was umgesetzt werden könnte. Ich glaube, die Menge dieser Dinge ist von einer Unendlichkeit geringerer Mächtigkeit. Als Kind dachte ich, es kann jetzt kein neuer Song mehr kommen. Das war's, alle Melodien sind entdeckt. Das stimmt nicht. Unerschöpflich ist das Universum schon. Aber es ist immer besser, das Wenige zu fokussieren.

Diese 2,3 (hundert) sehr guten Songs

Jeder findet manche Lieder (manche Filme usw.) so viel besser als andere, dass kein Faktor angegeben werden könnte, der angäbe, um wie viel. Mein Lieblingslied ist nicht nur eine Million hoch eine Million mal besser als irgendein Song, den ich nicht oder kaum mag. Hier gibt es kein Maß.

Interessant ist es aber, wenn wir uns einig sind. Es gibt Songs, Bilder, Texte, Filme, die überhaupt niemand mag. Oder von denen jemand, der sie mal mochte, trotzdem sagen würde, ok, das war in dem Moment gut, aber es ist nicht vergleichbar mit ...

Ich kann das mindestens über Sachen sagen, die aus meiner eigenen Hand stammen. Es gibt Bilder und Texte, die habe ich weggeschmissen oder gelöscht und solche, die habe ich nicht gelöscht und sie haben irgendwo ihren Ort, aber sind nicht gut. Und es gibt Texte (zum Beispiel 'Was ist die Frage?'), die sind ungleich viel besser als alle anderen.

Ist es nicht auch so mit Songs? Ist sich die Menschheit nicht also einig, dass wir nach Dingen suchen, die Sein haben? Die ein Dasein haben können, weil sie wirklich etwas sind (Dass-Sein?)? Mag das eine erfüllbare Form haben bedeuten oder eine erzählbare Geschichte sein. Etwas Konsequentes, manchmal Konsistentes. Seiner eigenen Intention nicht Widersprechendes, zumindest nicht unbewusst. Etwas, das seine eigenen Kriterien erfüllt, etwas, das Anklang findet, etwas, das wirklich zu dem gemacht wurde, was es sein konnte und somit geworden ist.

Die One-Hit-Wonder-Songs von Bands, die auch andere Lieder geschrieben haben. Die Radio-Hits. π.

Man kann auch sagen, der viel klügere Gedanke wäre (Die Bösewichte sind immer klüger), dass in allem weniger Beachteten der Reichtum liegt. Aber das einzelne weniger Beachtete ist nicht erstaunlich, nur die Gesamtheit. Die Vielheit ist mathematisch ableitbar als Schaum des Eigentlichen.

Ich halte die wirklich guten Dinge wie das Allgegenwärtige für übersehen. Die Unwahrscheinlichkeit deines Lieblingslieds. Wenn es nicht geschrieben oder gesungen worden wäre, wären sich irgendwann welche einig, dass es da etwas gibt, was umgesetzt werden könnte.

Ich glaube, die Menge dieser Dinge ist von einer Unendlichkeit geringerer Mächtigkeit. Als Kind dachte ich, es kann jetzt kein neuer Song mehr kommen. Das war's, alle Melodien sind entdeckt. Das stimmt nicht. Unerschöpflich ist das Universum schon. Aber es ist immer besser, das Wenige zu fokussieren.

Die Bedingung der Möglichkeit der Schildkröte

Die Bedingung
der Möglichkeit der Schildkröte
ist auch meine eigene.

verweist, macht aber eine derart große Entdeckung, dass diese Entdeckung aus dem Nichtdenken heraus den Status der Frage 'Was ist die Frage?' erschüttert:

Das Nichtdenken bin ich selbst!

Das konnte das Denken nicht ahnen, als es die Frage WidF aus sich selbst heraus deduziert hat. Daraus folgt aber, dass es ein viel direkterer und einzig sicher zum Ziel führender Weg ist, die Frage 'Wer bin ich?' zu stellen als die Frage 'Was ist die Frage?'. Entweder kann man nun behaupten, 'Wer bin ich?' sei synonym oder eine Lesart der Frage 'Was ist die Frage?'. Oder man gibt zu, dass sich die Frage 'Was ist die Frage?' letztlich in Stille doch noch vor dieser Frage verneigt.

'Was ist die Frage?' verneigt sich vor 'Wer bin ich?'.

Letztlich muss sich auch 'Was ist die Frage?' noch etwas unterordnen, obwohl sich die Frage zu Beginn des Buchs so sehr selbst behauptet. Und es ist nicht das Nichtdenken, was ich hier meine. Dem Nichtdenken ordnet sich die Frage per definitionem unter, indem sie darauf verweist. 'Was ist die Frage?' will nichts anderes, als auf das Nichtdenken zu verweisen und scheitert, wenn sie stattdessen nur auf sich selbst verweist (, was sie anfangs notwendigerweise auch tut).

Und sie verweist anfangs nur auf sich selbst, um alle anderen Fragen und Gedanken auszuhebeln, damit das Denken durch sie beendet werden kann. Also ist es sehr wohl im Sinne der Frage 'Was ist die Frage?' im zweiten Schritt auf etwas anderes als sich selbst zu verweisen, nämlich aus dem Denken herauszuweisen. Aber die Frage selbst könnte niemals akzeptieren, dass sich irgend ein anderer Gedanke ihr gegenüber behaupten sollte.

Schließlich ist sie die Antwort auf die Frage: Soll ich überhaupt denken, und wenn ja, was? - Ich soll überhaupt nicht denken, aber wenn, dann 'Was ist die Frage?'.

Dieses Nichtdenken, worauf 'Was ist die Frage?' verweist, macht aber eine derart große Entdeckung, dass diese Entdeckung aus dem Nichtdenken heraus den Status der Frage 'Was ist die Frage?' erschüttert: Das Nichtdenken bin ich selbst! Das konnte das Denken nicht ahnen, als es die Frage WidF aus sich selbst heraus deduziert hat.

Daraus folgt aber, dass es ein viel direkterer und einzig sicher zum Ziel führender Weg ist, die Frage 'Wer bin ich?' zu stellen als die Frage 'Was ist die Frage?'. Entweder kann man nun behaupten, 'Wer bin ich?' sei synonym oder eine Lesart der Frage 'Was ist die Frage?'. Oder man gibt zu, dass sich die Frage 'Was ist die Frage?' letztlich in Stille doch noch vor dieser Frage verneigt.

Es ist so ähnlich wie die Entscheidungen, die du schon getroffen hast, die dein Erleben bestimmen, die du aber vergessen hast. Das Allgemeine, das das Speziellere bestimmt, das aber nicht allgemein genug ist, sodass es die Sonne verdunkelt, die du selbst bist. Wem du die Frage stellst, determiniert die Antwort, die du erhältst. Also gibst du dir selbst die Antwort, die du hören magst, indem du entscheidest, wen du fragst (Sartre). Deine bisherigen Likes bestimmen deinen Newsfeed.

DASS du überhaupt denkst, ist eine bisher von dir unhinterfragte Grundannahme!

Spoiler: Sie ist falsch und liefert nur Gegenteile

Es gibt keinen Zusammenhang zwischen Frage und Antwort.

Du kannst die Antwort auf deine Fragen nicht als Antwort auf irgendeine Frage kriegen. 5 ist eine mögliche Antwort auf 2+3, aber 2+3 ist gar keine Frage. 5 ist nur eine andere Weise, 2+3 zu sagen.

Wenn du wirklich fragst, willst du, dass die Antwort etwas anderes ist als die Frage. Das Fragen zielt auf die Auflösung der Frage und ihre Ablösung durch etwas gänzlich anderes.
D.h., egal was du wissen willst; du musst die Frage danach verwerfen, um die wahrscheinliche Antwort zu verhindern, die nur eine Umformulierung der Frage wäre, sodass die Frage nachträglich entfragt, nachträglich zur Aussage gemacht worden wäre.

Jede beliebige Erklärung durch Worte oder Gedanken macht das! Einzig das Erleben, das selbst nicht Gedanke ist, das du selbst bist, ist kein Gedanke. Das entzieht sich Gedanken und Worten völlig. Die Antwort kann nur dort und so sein, wo das Fragen nicht, überhaupt nicht ist. Nicht nur in einem anderen Gedanken, sondern überhaupt nicht gedanklich. Du bist fraglos. Alles, was du jemals wirklich erlebt hast, ist fraglos!

Deshalb zielt 'Was ist die Frage?' auch von vornherein auf seine eigene Vernichtung. Die Frage kann nicht auf ihre Antwort zielen, weil die nirgendwo ist, sodass nicht auf sie gezielt werden kann. Ein aus ihr entstehendes Buch kann nur die Vermeidung ihrer Beantwortung sein.

Dabei versucht sie so deutlich zu sagen: Was soll dieses Fragen, das Antworten in Worten erwartet? Geh zurück zum Fragen, das wirklich Fragen ist, sodass eine Antwort in Worten unmöglich ist, weil Fragen heißt vor Worte und Denken zurückgehen.

Es ist so ähnlich wie die Entscheidungen, die du schon getroffen hast, die dein Erleben bestimmen, die du aber vergessen hast. Das Allgemeine, das das Speziellere bestimmt, das aber nicht allgemein genug ist, sodass es die Sonne verdunkelt, die du selbst bist. Wem du die Frage stellst, determiniert die Antwort, die du erhältst. Also gibst du dir selbst die Antwort, die du hören magst, indem du entscheidest, wen du fragst (Sartre). Deine bisherigen Likes bestimmen deinen Newsfeed. DASS du überhaupt denkst, ist eine bisher von dir unhinterfragte Grundannahme! Spoiler: Sie ist falsch und liefert nur Gegenteile der Wahrheit, verschleiert dich selbst.

Annahme: Es gibt dich selbst und die Welt.

Eine ähnliche Annahme ist, es gibt dich selbst und Gott.

Wenn du diese Annahme nicht teilst, ist Stille und in Stille ist alles eins.

Wenn du sie teilst, musst du beides hinterfragen.

Fängst du bei der Welt an, machst du einen riesigen Umweg. Wenn, dann fang bei der Welt an, indem du annimmst, sie ist Gott. Wenn Gott alles ist, muss er auch du sein, also kannst du auch bei dir anfangen.

Wenn du sowieso bei dir selbst angefangen hättest, dann weil es egal ist, wie alles ist, wenn kein Bewusstsein darüber da ist. Dann erübrigt sich die Untersuchung. Finde dich selbst als gegenüberlos und damit auch Gott und die Welt.

Du bist die Unendlichkeit zwischen allem

aber es gibt nichts, wozwischen irgendet

geschweige denn eine Unendlichkeit sein

Dies ist der Bombenhagel

auf deinen Verstand,

der einzige

vom Frieden gesandte

Krieg.

Non-binary

Bei den allgemeinsten Begriffen angelangt (wohin das Denken in aller Konsequenz führt), ist Verzweiflung. Die Zwei. Die Zahl Zwei deutet hin auf Trennung, Abgrenzung, Unterscheidung (eigentlich schon die Eins, weil sich die Eins notwendig von der Null unterscheidet. Und eigentlich auch schon die Null, weil sich die Null als gedachte von ihrer Undenkbarkeit unterscheidet. Der Gedanke an Einheit ist ebenso die Wurzel der Dualität wie der Gedanke an Gott oder das Nichts).

Unterscheidung wiederum beruht nicht auf dem Prinzip der Differenz(, das Deleuze hochhält). Unterscheidung ermöglicht Abgleich und Unterscheidung ist notwendig grob, sodass sie auf dem Prinzip der Identität fußt. D.h. die myriadische Vielheit der Welt ist wirklich binär, was nichts anderes heißt als, sie ist gedacht, Illusion, weil alle Unterscheidung, alle noch so kleine Differenz, wenn messbar, digital ist. Die Drei, die Fünf, die 7363846 Sachen und Erscheinungen aller Historie und alles persönlichen Erlebens lassen sich rückführen auf ihre Gedachtheit und als Matrix darstellen.

Einzig wirklich different ist, was noch ein bisschen kleiner ist als das Infinitesimal. Darin ist dann auch aller (es gibt keine vielen und also auch kein All) Erleben, nicht gefasst, nicht erfasst, nicht mal erlebt, auch nicht am sich Erleben, nicht da, nicht gewesen, nicht allgegenwärtig oder enthalten; vielleicht gehalten, geliebt, nicht recht gewollt, aber doch, empfunden, umarmt, - es geht nur poetisch, erfüllt, gewahrt, bemerkt, erlaubt, verstanden und für immer liebevoll vergessen, gelobt und applaudiert, verneigt, der Höchste König verneigt sich vor dem geringsten Tunichtgut.

Wenn ich jedenfalls denke, alles sei binär und deshalb müsse ich von der Dualität in Einheit, von bloßem Wollen der Einheit in verwirklichte Nichtsheit übergehen und von, wenn auch nur im Geringsten, gedachter Nichtsheit zu einem Zustand völlig jenseits meines und irgendeines möglichen Verstandes, dann sei mir dies gesagt: Es ist dir völlig unmöglich, du selbst zu sein, Gott nahe oder dich zu verwirklichen. Weil du du selbst bist, Gott nahe und wirklich.

Alles ist übervorstellbar bestmöglich. D.h. du, und jeder, willst dein eigenes Leid.

Die Wahrheit ist weder dieser, noch irgendein Moment und auch nicht von irgendeinem Moment unterschieden, weil kein Moment existiert! Dieses Unsichtbarwerden aller gegenwärtigen, jemaligen und möglichen Erfahrung ist Ausgang und Ziel deines Seins, deines Selbst. Du bist die Unendlichkeit zwischen allem, aber es gibt nichts, wozwischen irgendetwas, geschweige denn eine Unendlichkeit sein könnte.
Dies ist der Bombenhagel auf deinen Verstand, der einzige vom Frieden gesandte Krieg.

Wenn du viel zu tun hast, mach noch mehr!

Dann hast du keine Zeit mehr für das, was du ursprünglich zu tun hattest.

Dann kannst aufhören das zu tun, was du noch zusätzlich getan hast und hast nichts mehr zu tun.

Das war immer das Prinzip von WasistdieFrage. Du sollst eh nicht denken, denkst aber. Also denk noch ein kleines bisschen mehr - wenn schon, denn schon - sei konsequent, und das Denken überwindet sich selbst, irgendwann wird der nächste Gedanke zum letzten Gedanken.

Wenn du wählen

müsstest zwischen

- Das ganze

 Universum

wird zerstört

Wenn du wählen müsstest zwischen

Wenn du wählen müsstest zwischen

- Jesus ist für dich geboren und gestorben,
aber das ganze Universum wird zerstört
oder
- Das mit Jesus passiert nicht, dafür besteht das Universum weiter,

dann müsstest du das Erste wählen.

Vermeintliche Gegenargumente und deren Aushebelung:

- Ohne Universum bringt, was auch immer Jesus ist, nichts? - - Das
stimmt nicht, weil das Universum auch existiert, wenn es nicht
existiert, und das (diese Unsichtbarkeit) ist ganz wesentlich Jesus, der
die Welt (das Universum) überwunden hat und du selbst, dessen
Herz mit ihm erfüllt ist.

- Dem Universum ist es Universalgesetz, übervorstellbar bestmöglich
zu sein. Also ist es entweder notwendig / dem Wesen des
Universums gemäß, dass in jedem möglichen Universum Jesus
Christus geschehe; oder das Universum ist auch ohne sein in die Welt
Kommen bestmöglich, weil seine Denkbarkeit besteht, oder weil
Erleuchtung möglich ist? - - Das ist zwar richtig, aber dumm, weil du
ja von ihm weißt. Du bemisst die Wichtigkeit dessen, worüber du
informiert wurdest, also nur zum Beispiel durch die Zustimmung zu
obiger Entscheidung richtig.

Wichtig ist dabei freilich, zu begreifen, was mit dem, was Jesus ist
oder getan hat, gemeint ist. Das wurde und wird pervertiert, aber es
ist deine Aufgabe, den wahren Kern zu würdigen.

Aber ich wusste,

dass die Schule

und alles, was mir

entgegengebracht wurde, nicht

nur nicht wirklich durchdacht,

sondern schon im Ansatz nicht

richtig gedacht war.

Die anfängliche Arroganz der Frage 'Was ist die Frage?'

'Was ist die Frage?' entspringt der arroganten Haltung, das, was der Verstand kann, besser machen zu können als alles Bisherige, was von Verstandeswesen hervorgebracht wurde. Sonst würde die Frage nicht gestellt, das Buch nicht geschrieben werden müssen. Deshalb hat meine Englisch-Lehrerin in der achten Klasse meiner Mutter am Elternsprechtag gesagt, ich sei überheblich. Ich wusste, dass sie besser Englisch spricht als ich. Aber ich wusste, dass die Schule und alles, was mir entgegengebracht wurde, nicht nur nicht wirklich durchdacht, sondern schon im Ansatz nicht richtig gedacht war. Es hat mich damals sehr belastet, mit Gedanken diese oder jene Kunstübungen durchführen zu müssen, während klar war, dass all das doch eigentlich gar nicht die Frage war! Der Fehler lag unbemerkt hinter allem. Nur nicht hinter mir. Deshalb stand ich der Welt feindlich gegenüber.

Heute sehe ich meinen Fehler ein. Die Welt hat nie behauptet, richtig zu sein. Das, worauf WidF zielt, liegt nicht in der Welt. Höchstens im Wesen des Verhältnisses zwischen mir und der Welt. Einzelnes aus der Welt fragmentarisch betrachtet (und es gibt keine nichtfragmentarische Betrachtung der Welt) ist immer falsch. Die Welt als ganze ist von meiner Anschauungsweise nicht getrennt. Wenn ich sie falsch (in vermeintlichen beurteilbaren Einzelheiten) betrachte, muss sie falsch erscheinen. Aber im Ganzen ist sie übervorstellbar bestmöglich ..und sogar funktional (everything is unfolding as it should. Ineinandergreifen von allem bis ins Kleinste und das konsistent Digitale).

Aber WidF und das Denken überhaupt (gleich dem Durchlaufen einer schwierigen Pubertäts-Phase) geht diesen Zweischritt notwendigerweise: Zuerst muss ich kämpferisch glauben, dass alles falsch sei außer dieses einen Gedankens ans Richtige, der sich selbst darin bestätigt, richtig zu sein. Dann erst kann ich auch ihn aufgeben, auflösen, weil er den Krieg selbst beginnt, den er zu gewinnen hofft. Sein Sieg liegt in Kapitulation. Konsequent ist im Denken nur das zu Ende Denken, also, wie Jesus es genannt hat, die Überwindung der Welt.

Das ist das Ende des Denkens. Alles muss sich gar nicht selbst überwinden. Es ist immer schon überwunden. Aber wenn ich dies oder jenes vorhabe und denke, dies oder jenes sei zu überwinden, dann irre ich und muss also die eine letzte Annahme treffen, alles sei zu überwinden, um dessen Überwindung dann in der Preisgabe aller Vorhaben zu realisieren.

Niemand hat

Angst vorm Alleinesein.

.. nicht Angst vorm Alleinsein, sondern Angst
davor, eben nicht alleine zu sein, während man
gern alleine wäre und annimmt und hofft, allei
zu sein. Das ist die Angst vor versteckten
Bösewichten, Einbrechern, Mördern, Geistern,
Dämonen oder - meistens - vor den eigenen
Gedanken, die einen nicht in Ruhe lassen. Sieh
du bist selbst kein Gedanke und immer in Ruh

Niemand hat Angst vorm Alleinesein.

Man kann traurig sein, wenn man alleine ist, weil man jemanden
vermisst. Aber man kann nicht Angst haben vorm Alleinsein. Diese
vermeintliche Angst bezieht sich dann auf die Abwesenheit eines
Beschützers. Tatsächlich ist die Angst aber nicht Angst vorm
Alleinsein, sondern Angst davor, eben nicht alleine zu sein, während
man gern alleine wäre und annimmt und hofft, allein zu sein. Das ist
die Angst vor versteckten Bösewichten, Einbrechern, Mördern,
Geistern, Dämonen oder - meistens - vor den eigenen Gedanken, die
einen nicht in Ruhe lassen. Siehe, du bist selbst kein Gedanke und
immer in Ruhe, egal wie beunruhigend manche Gedanken
erscheinen. Denn du entscheidest selbst, ob du überhaupt denkst,
oder ob du stattdessen einfach und wirklich schaust.

Burgruinen

Burgruinen

Man kann nicht in ihnen wohnen, als Mensch jedenfalls nicht, denn dort ist es zu kalt, es gibt keine Möbel und kein Dach. Man muss also jedesmal hinspazieren oder ein Foto anschauen, wenn man gedanklich oder wirklich dort sein will. Man kann sie auch nicht renovieren und wieder bewohnbar machen, sonst werden sie (im besten Fall) zu Burgen, (im schlechteren Fall) zu renovierten Burgruinen.

Irgendwie macht das diese Orte, die also wesentlich tot sind, lebendiger als andere Orte. Oder ist es nur eine Lebendigkeit der Phantasie? Dort weht halt wenigstens Wind, der in gemütliche Wohnräume nicht dringt, dort wachsen Gräser, laufen Spinnen, Mäuse rum, dort ist unter freiem Himmel, in der Natur.

Möge mein Körper auch so eine Burgruine sein, die sich die Natur zurückholt und die eine ganz eigene Kategorie in dieser Hinsicht ist, sodass Ruine nicht bedeutet, dass etwas kaputtgegangen ist, sondern eine Daseinsart gefunden ist, die die des größten Reichtums ist.

Das ritterliche Leben in der Burg war nämlich niemals so schön wie das Integral aller Kindheitsvorstellungen um Burgruinen.

Ich glaube,

das Sich-Wundern

kann als Zustand

verewigt werden,

sich wundern

Jeder weiß irgendwie, dass es darum geht, sich wieder so über die Welt zu wundern und zu freuen wie ein Kind, das sich über den gefallenen Schnee freut und mit ihm spielen will.

Wie also? Und wieso wundert man sich nicht mehr? Wieso freut man sich weniger über die Welt als ein Kind? Weil sie nichts Neues mehr ist oder weil man anderes zu tun hat, sind zu einfache Antworten. Die greifen zu kurz. Ich glaube, das Sich-Wundern kann als Zustand verewigt werden, unabhängig davon, ob irgendetwas gedanklich betrachtet dann noch neu wäre, oder nicht.

Die Frage ist, wie schaue ich auf die Welt. Was nehme ich wahr. Je mehr ich die Welt gedanklich verkürze, desto tauber, lebloser, uninteressanter, langweiliger wird sie und desto unerträglicher, problematischer. Denn gedankliche Verkürzung bringt tendenziell numerische Form hervor, die (was auch wieder nur Spiel ist, aber Gefängnis-Spiel) nur Probleme formuliert, die gelöst werden müssen. Auflösung wäre die feinere, zutreffendere Weise, die Welt zu sehen.

Auf dem Weg, der Welt gegenüber immer offener zu werden, immer mehr die Unendlichkeit zwischen allem zu sehen, den Wandel gegenüber der Starre, den unendlichen Reichtum, dort ist irgendwo ein wesentlicher Schritt. Und ich würde ihn, mangels Klarheit darüber, wo sonst, ans Ende ordnen: Nachdem alles so klar ist, dass die Welt in aller Klarheit verschwindet, taucht sie dann doch wieder auf. Und zwar in ihrer konkreten Gestalt, die vorher als Einschränkung gegolten hat. Eingebettet. Das ist, wie sie die Kinder gesehen haben. Aber als Kind hast du sie nur so gesehen, um sie jetzt wieder so zu sehen. Wenn du das als Kind gedacht hättest, hättest du damit nicht aufhören müssen.

Die damit einhergehende Erleichterung weiß: Alles ist nicht nur denkbar bestmöglich, sondern seibar bestmöglich. Nicht mal nur unvorstellbar bestmöglich, sondern übervorstellbar bestmöglich. D.h. auch vorstellbar bestmöglich, aber auch unvorstellbar. Und seibar ist alles nur genau so. Es gibt kein Sein, das nicht so ist, wie alles ist. Das Universalgesetz ist eins und es gibt keine Paralleluniversen, in denen das anders sein könnte. Ebensowenig wie es unter allen Paralleluniversen eines gäbe, das keine Paralleluniversen hat.

Was is die Frage?

Was is die Frage? Was is die Frage?

Was is die Frage?

Was is die Frage?

Frage?

Was is die Frage?

Was

Was is die Frage?

Was

Was is die Frage?

Was is

Was is die Frage?

Frage?

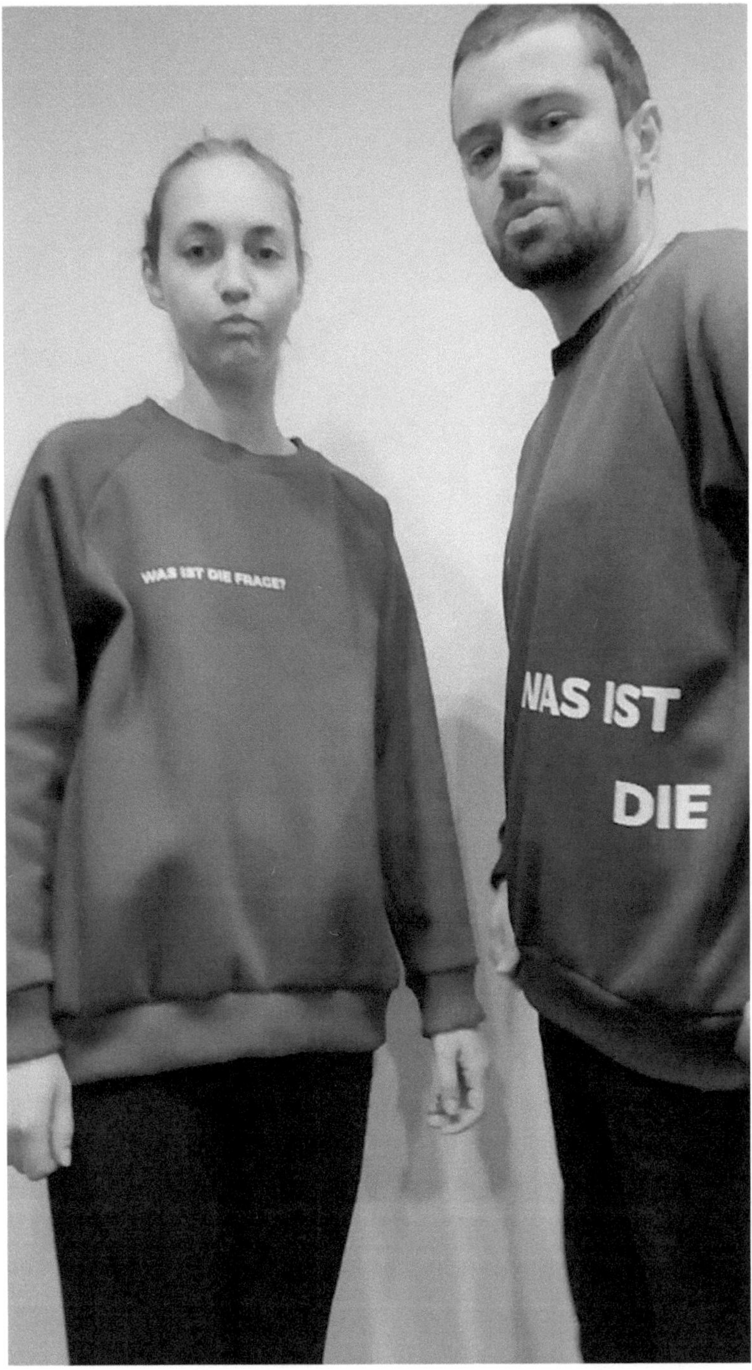

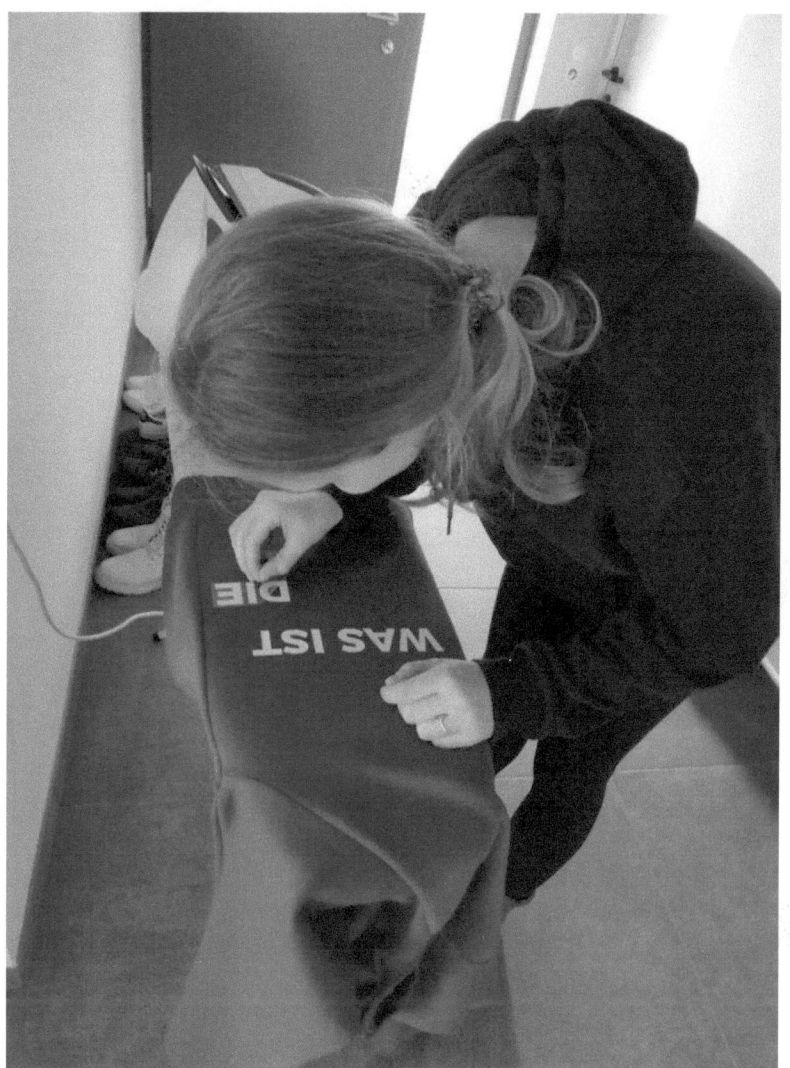

‚Was ist die Frage?' 2023

Vorwort November 2023: Nach ‚Was ist die Frage?' ist es ein Tag am Strand.

Ich habe gelegentlichen Kommentaren von Freunden und Bekannten, es sei klar, dass ich für immer an ‚Was ist die Frage?' schreiben werde, stets wütend widersprochen: Das Buch ist endlich, es hat einen Anfang und ein Ende und als Inhalt einen definitiv bestimmbaren Verlauf. Ich hätte ihn nur noch nicht erschöpfend gefunden, sei nur bisher mit keiner Version zufrieden, aber eine finale Version sei nah. Ich bleibe dabei: Es gibt dieses Buch. Und ich wundere mich, dass vor und außer mir noch niemand versucht hat, es zu schreiben.

Allerdings war im Widerspruch dazu schon lange klar, dass die Versionen dieses Buchs variieren können. Es kann in verschiedenen Sprachen, Dialekten, Ausdrucksweisen und gar in verschiedenen Denkweisen verfasst werden. Es kann mit „Wie beginnen?" oder mit „Wie anfangen?" anfangen und ich weiß nicht, ob es mit „Wie soll ich beginnen?" oder mit „Wie soll dieses Buch beginnen?" anfangen sollte. Seine Niederschrift flimmert, aber es steht etwas hinter diesem Flimmern, das dieses Buch ist. Das ist keine einzige entschiedene Reihe von Wörtern, sondern eine Schar gedanklicher Reihen, die eine gewisse Kongruenz in einem Anfangen mit „Wie anfangen?", einer Leitfrage mit „Was ist die Frage?" und einem Ende mit „Wie enden?" zeigen.

Bis vor Kurzem dachte ich, dass es (wie von anderen Büchern auch) trotzdem irgendwann eine Version geben könnte, nach der keine weitere kommen muss. Vielleicht gibt es die auch. Aber eine Version kann höchstens sehr gut sein, niemals perfekt. Und es ist wichtig, dass sich eine Sache, die Versionen bildet, darüber bewusst ist, dass sie das tut. Deshalb bin ich sehr glücklich über die Entscheidung, von nun an kein Buch mehr mit dem ausschließlichen Titel ‚Was ist die Frage?' zu schreiben, sondern stets die Information hinzuzufügen, dass es sich um eine Version handelt. Deshalb heißt dieses Buch ‚Was ist die Frage? 2023'.

So wie das Entstehungsdatum eine Version des Buchs als solche deklariert, ist auch der Name des Autors ein Parameter, der, wie ich hoffe, variieren kann. Bisher hat einzig meine Schwester, Janice

Helbig, den – geglückten – Versuch unternommen, eine Version von ‚Was ist die Frage?' zu schreiben. Ich bin der Ansicht, dass hier jeder mitschreiben sollte. Es gibt kein anderes Menschheitsprojekt, jedenfalls nicht in der Sprache. Und wer überhaupt spricht (oder denkt), kann dies nicht sinnvoller- oder konsequenterweise tun, ohne sich an diesem Buch versucht zu haben.

Früher war ich von unangemessener Strenge gegenüber diesem Buch. Von allen Versionen zwischen 2008 und 2023 habe ich mich nur 2017 getraut, eine in ein Buch zu drucken. Das Buch ist allerdings mehr ein Heftchen und die Worte darin unendlich verkrampft ob des Versuchs, DIE EINE letztgültige Formulierung zu finden. Auch konnte ich mich damals nicht als Autor nennen. Es gäbe auch keinen Autoren einer alleingültigen Version. Aber es gibt keine alleingültige Version. Das ist die große Befreiung, die mit dieser Ausgabe beginnt.

Nun kann hier auch ein Vorwort stehen. Bisher war ich streng damit, dass „Wie beginnen?" das Erste ist, was im Buch steht. Aber wieso dann nicht „Wie beginnen?" als Titel vorn auf dem Cover? Das Buch gelangt sowieso in der Kontingenz irgendeiner Situation in die Hände eines Lesers, der bis dahin (und wohl auch zwischen allen Zeilen) die Gedanken, die er aufnimmt, ans Ende einer beliebigen Reihe von Gedanken setzt, die er zuvor gedacht hat (und deren Anfang er nicht kennt).

Ich war auch ängstlich und habe zeitweise befürchtet, irgendjemand müsste doch dieselbe Idee haben und es mir wegnehmen, dieses Buch zu schreiben. Wie gesagt, ich wundere mich. Aber jetzt würde ich in die Arme nehmen, wer auch immer sich daran versucht.

Mindestens jährlich eine weitere Version dieses Buchs zu schreiben und sie (im Gegensatz zu bisherigen Versionen oder Notizen) als solche zu kennzeichnen, ist ein Schritt an die Öffentlichkeit, der auch dem Willen entspringt, ein gedrucktes Buch in Händen zu halten. Es gab und gibt weiterhin zwar alle Versionen online frei einsehbar, aber gedruckte Versionen treten selbstbewusster und mit der Suggestion, gelesen werden zu wollen, auf. Der Text ist stark genug geworden, Wind und Wetter dieser oder jener Hände standzuhalten. Ich habe ihn oft genug geschrieben, sodass manche

Stellen schon fast immer gleich klingen und nur wenige noch im Dunkeln liegen.

Auch meinen eigenen Kommentaren hält er stand. Und so rettet sich der Wille zur Kürze und Letztgültigkeit in die Form des Texts, indem immer fett gedruckt steht, was die sukzessiven Aussagen dieses Buchs kurz fasst, gefolgt von einem Kommentar- oder Erklärungsabschnitt, der beim Lesen auch übersprungen werden kann. Diese Zweiteilung des Texts ist eine große Erleichterung, denn der Kommentarabschnitt muss sich nicht darum kümmern, ob Begriffe schon eingeführt wurden, kann also ohne Einschränkung der Wortwahl erklären und dabei Begriffe benutzen, die eigentlich erst später im sich entwickelnden (Haupt)-Text des Buchs in Erscheinung treten würden. Der lineare Verlauf des Buchs muss nämlich eine einigermaßen künstliche Entwicklung der Begriffe nachspielen, so als würden die späteren die früheren voraussetzen und die früheren die späteren erst möglich machen. Tatsächlich befinden sich aber die erst später im (Haupt-)Text auftauchenden Begriffe schon im Sprachschatz der Leser, weshalb sie zur Erklärung auch an früheren Stellen nützlich sind. Weiterhin lässt der Kommentarabsatz zu, das Buch in einem Baustellencharakter zu belassen, der seine ewige Form ist.

Von Version zu Version wird sich der fett gedruckte Text vermutlich zunehmend weniger variieren als die Erklärungen und Kommentare. Es handelt sich aber um Versionen ein und desselben Buchs, sodass ‚Was ist die Frage? 2023' dem hoffentlich folgenden ‚Was ist die Frage? 2024' sicher stark ähneln wird. Allerdings plane ich, um Leben in die Sache zu bringen und weil mir sonst selbst langweilig wird, die Bücher unterschiedlich mit Bildern zu illustrieren.

Auch möchte ich irgendwann versuchen, die Versionen von 2008 bis 2022 in einem Buch zusammenzufassen. Die Genese des Inhalts ist durchaus interessant. So hieß das Buch in seiner allerersten Version (2008) noch gar nicht ‚Was ist die Frage?', obwohl die Frage darin schon vorkam. 2009 bis mindestens 2011 habe ich ‚Was ist die Frage?' für das vierte Buch einer Reihe gehalten. 2013-2015 habe ich sehr viel an den ersten Kapiteln geschrieben. Erst in diesen Jahren kam der Anfang als „Wie beginnen?". 2018 und 2019 habe ich viel zusammen mit Janice über den Übergang zwischen Kapitel 6 und 7 und über die Struktur des Kapitels 7 nachgedacht, die noch immer die offenste ist. Danach habe ich lange auf die Kapitel 4 und 5 geschaut, von denen es scheint, dass sie beliebig aufgeblasen werden können. Vermutlich ist Kapitel 4 so kurz wie Kapitel 1 und Kapitel 5 so überflüssig wie Kapitel 2. Das Inhaltsverzeichnis hintenan zu stellen und zusammen mit anderen Bemerkungen zur Struktur Kapitel 8 zu nennen und Kapitel 9 als Spiegelung des Kapitels 1 „Wie enden?" zu nennen, kam auch irgendwann dazu.

Spoiler: Das Buch hat immer schon geendet. Der Satz, der seit einigen Jahren an einer Wand in meiner Wohnung hängt – „Nach ‚Was ist die Frage?' ist es ein Tag am Strand" – deutet also vielmehr auf eine allzeit gültige Wahrheit hin als auf die Aussicht, irgendetwas bald erledigt zu haben.

So ist die Entscheidung, fortan Versionen zu schreiben und zu veröffentlichen, einerseits das Eingeständnis, die Lebensaufgabe gerne beliebig lange fortzuführen, andererseits aber ist das Unterfangen schon mit der Entscheidung dazu erfolgreich und also beendet. Das Unendliche hat kein Ende und ist also schon zu Ende.

BUCH 1: ANFANG

Wie beginnen?

Jetzt hat es ja schon so begonnen.

Wie soll dieses Buch beginnen?
Ich weiß es nicht.
Wenn ich aber nicht weiß, wie dieses Buch beginnen soll, dann muss ich mich fragen, wie dieses Buch beginnen soll.
Das tue ich aber schon.
Also hat dieses Buch richtig begonnen, indem es damit begonnen hat, sich zu fragen, wie es beginnen soll.

Es gibt Dinge, die haben keinen Anfang und kein Ende, wie eine Kugel. Unter allen Dingen, die Anfang und Ende haben, wie beispielsweise Bücher, ist dieses Buch dasjenige Ding, das sich selbst bestätigt, dass es richtig begonnen hat.

Die meisten Dinge können die Frage, ob sie richtig begonnen haben, gar nicht selbst enthalten, sondern es kann höchstens über sie gesagt werden, ob sie richtig begonnen haben, oder nicht, da sie selbst nicht in erster Linie sprachliche Dinge sind, sodass in ihnen weder Frage noch Antwort formuliert werden kann. Sie beginnen dann richtig, wenn ihr Anfang zu der Sache passt, die sie sein sollen. Sie beginnen dann richtig, wenn ihr Anfang die Kriterien erfüllt, die die Sache selbst an sie stellt. Ein Laib Brot beginnt beispielsweise dann richtig, wenn er aus Brot besteht und so weiter. Ob ein Musikstück oder ein Film richtig beginnt, kann nur entscheiden, wer das Musikstück oder den Film kennt. Sie beginnen dann richtig, wenn ihr Anfang zu ihnen passt.

Ob Dinge, die sich nicht selbst fragen können, ob sie richtig begonnen haben, richtig begonnen haben, ist nur im Abgleich mit, in Abhängigkeit von der Sache selbst entscheidbar. Ob irgend ein erzählendes Buch richtig begonnen hat, kann nur im Abgleich mit seinem Inhalt entschieden werden. Andere Dinge beginnen also relativ (im Verhältnis) zu sich selbst richtig, andere Bücher beginnen relativ (im Verhältnis) zu ihrem Inhalt richtig, aber dieses Buch hat absolut (unabhängig von dem, was es sein wird, unabhängig von seinem weiteren Inhalt) richtig begonnen!

Die Begründung, dass die Frage „Wie beginnen?" der richtige Anfang ist, geschieht nicht im Abgleich mit irgendetwas Anderem, sondern aus sich selbst heraus. Die Selbstbestätigung folgt aus der Frage „Wie beginnen?" im obigen Zirkel selbst. Es ist nämlich noch gar nicht klar, welches Buch dieses Buch ist, sodass sein Anfang seine Richtigkeit im Abgleich mit dem Rest des Buchs bestimmen könnte. „Dieses Buch" in der Frage „Wie soll ‚dieses Buch' beginnen?" kann hier durch nichts ersetzt werden, weil noch nicht klar ist, welches Buch dieses Buch ist.

Wäre es dieses oder jenes Buch, dessen Inhalt bereits bestimmt wäre, dann wäre die Frage „Wie soll dieses bestimmte Buch beginnen?" und es gäbe eine bestimmte Antwort auf diese Frage, die nicht „Ich weiß es nicht" wäre. Dieses Buch fragt aber „Wie soll ich als Buch überhaupt beginnen?", worauf die Antwort nur „Ich weiß es nicht" sein kann, weil kein Abgleichskriterium in Form der Kenntnis des Buchs gegeben ist, nach dessen Anfang gefragt wird. Die Antwort „Ich weiß es nicht" führt allerdings direkt zur Einsicht, dass die Frage „Wie beginnen?" berechtigt ist, denn dass ich gerade beginne oder schon begonnen habe, ohne zu wissen, wie, zwingt mich, einen Schritt zurückzutreten und zu fragen, wie ich hätte beginnen sollen. Im Fall dieses Buchs findet sich dann, dass richtig begonnen wurde. Würde diese Frage zu irgendeinem späteren Zeitpunkt gestellt werden, wäre die Antwort: „Ich weiß es nicht. Da ich aber nicht weiß, wie ich beginnen soll, muss ich mich fragen, wie ich beginnen soll. Und da ich das anfangs nicht getan habe, muss ich nun nachträglich den richtigen Anfang machen und mich fragen: Wie soll ich beginnen?". Die Frage „Wie soll dieses Buch beginnen?" ist also aufgrund der Unbestimmtheit dieses Buchs die Frage „Wie soll überhaupt begonnen werden?", „Wie soll ein Buch überhaupt beginnen?", „Wie soll ich (überhaupt) beginnen?" oder kurz „Wie (überhaupt) beginnen?".

Das Wort „überhaupt" ist dabei dasjenige, das anzeigt, dass es nicht um einen bestimmten oder überhaupt bestimmbaren Beginn im Verhältnis zu einem bestimmten Buch, Gedankengang oder Inhalt oder im Bezug auf eine Sache geht, sondern ums Anfangen mit Worten überhaupt. „Überhaupt" betont die Worte, die da sind, nämlich „Wie beginnen?", fokussiert diese und verbietet die

Annahme, es gäbe irgendeinen versteckten Bezug zu irgendeiner speziellen Sache, die gemeint ist und von der gefragt ist, wie sie beginnen soll.

Die Gewissheit zu haben, mit dieser Frage richtig begonnen zu haben, ist eine große Entdeckung! Es ist zwar noch nicht klar, ob diese Einsicht irgendeinen Nutzen hat. Nach einem Nutzen wurde zunächst ganz wesentlich nicht gefragt. Aber diese Einsicht ist gewiss: Der richtige Anfang liegt darin, sich zu fragen, wie (richtig) anzufangen ist.

Wenn ich nicht weiß, wie ich anfangen soll, dann muss ich mich fragen, wie ich anfangen soll. Und ich weiß nie, wie ich (überhaupt) anfangen soll, denn wenn ich es wüsste, dann könnte ich einen Grund angeben, weswegen ich (in welcher Hinsicht) richtig begonnen habe und mein Anfang wäre also nur richtig im Verhältnis zur Angabe dieses Grundes. Der Anfang mit der Frage „Wie soll ich anfangen?" fragt aber nach dem überhaupt richtigen Anfang, also nach dem Anfang, der unabhängig ist von allem und findet sich selbst als genau dieser.

Deshalb ist es von Anfang an die Dynamik dieses Buchs, einen Schritt zurückzugehen und ungeprüfte Annahmen zu hinterfragen. Es beginnt zwar mit der Frage „Wie beginnen?", tritt aber sogleich einen Schritt zurück und stellt als nächste die Frage „Habe ich überhaupt beginnen sollen?", welche zurück auf die Frage „Wie beginnen?" führt. Die Frage, ob es richtig war, überhaupt zu beginnen, muss später noch abschließend beantwortet werden. Es ist unmöglich, ganz ohne unhinterfragte Voraussetzungen und Annahmen zu beginnen, aber „Wie beginnen?" setzt nur voraus, was mit Sicherheit gegeben ist: Du hast angefangen dieses Buch zu lesen und akzeptierst, dass es in Sprache verfasst ist und du sprichst und verstehst diese Sprache. Ob Sprache und Worte überhaupt benutzt werden sollen, ob die Gedanken, für die die Worte stehen, überhaupt gedacht werden sollen, kann und muss später noch hinterfragt werden. „Soll Sprache überhaupt benutzt werden?", „Sollen hier überhaupt Worte stehen?" oder „Soll ich überhaupt denken?" sind eng mit der Frage „Wie beginnen?" verwandte Fragen, die unter Umständen synonym mit ihr vertauscht werden könnten. Entsprechend hätten diese Fragen auch dieselbe Antwort:

Soll ich überhaupt Worte benutzen?
Ich weiß es nicht.
Da ich hier aber schon Worte benutze, muss ich mich fragen, ob ich Worte benutzen soll.

In der Form „Wie soll ‚ich' beginnen?" könnte sich mit „ich" das Buch oder das Worte aufschreibende Denken, der Verstand zunächst selbst meinen. Dann würde „ich" nur den Rückverweis auf den Sprecher meinen, welche Bedeutung von „ich" später noch hinterfragt werden muss. Der Zirkel wäre aber derselbe:

Wie soll ich beginnen?
Ich weiß es nicht.
Wenn ich aber nicht weiß, wie ich beginnen soll, obwohl ich schon begonnen habe, dann muss ich mich fragen, wie ich beginnen soll.
Das tue ich aber schon.
Also habe ich richtig begonnen, indem ich damit begonnen habe, mich zu fragen, wie ich beginnen soll.

Auch das „Ich" ist ersetzbar, wenn statt „Ich weiß es nicht" „Es ist nicht klar" geschrieben würde und statt „Wenn ich aber nicht weiß, …" „Wenn aber nicht klar ist, wie beginnen, dann muss gefragt werden, wie beginnen". Der Fokus auf den Leser der Worte und auf die Worte ist ersetzbar und sogar wegkürzbar. Was nicht kürzbar ist, ist das Fragen nach dem Anfangen überhaupt, worin also das Wesen der Frage besteht. Die kürzeste Version enthält alle anderen Versionen in sich:

Wie beginnen?
Ich weiß es nicht.
Wenn ich aber nicht weiß, wie beginnen, dann muss ich mich das fragen.
Also hat dieses Buch richtig begonnen.

Alle Versionen dieses richtigen Anfangs sind ein und dieselbe Frage nach dem Anfangen überhaupt (die Erscheinung von Worten, wo vorher keine waren).

Diese Frage ist die einzig richtige Weise, überhaupt richtig zu beginnen. Es gibt keinen anderen überhaupt richtigen Anfang, denn die Antwort auf die Frage „Wie überhaupt beginnen?" ist immer „Ich weiß es nicht", da nur im Bezug auf eine bestimmte Sache gewusst werden kann, wie diese beginnen soll, hier aber nur allgemein und überhaupt nach dem Anfangen gefragt wird, während nicht klar ist: das Anfangen von was? Und auf „Ich weiß es nicht" folgt dann notwendig die Selbstbestätigung. Also enthält dieses Buch den einzigen überhaupt richtigen Anfang! Ja, „Ich weiß es nicht" und diese Frage(n) sind geradezu notwendig miteinander verknüpft.

Dies kann denjenigen anderen Büchern egal sein, deren Anfang zu ihrem Inhalt passt und im Verhältnis zu ihm richtig ist, also denjenigen Büchern, die nicht behaupten, überhaupt richtig zu beginnen, sondern nur relativ zu ihrem Inhalt. Wenn es aber Bücher gibt, die behaupten, richtig begonnen zu haben, die aber nicht mit der Frage „Wie beginnen?" begonnen haben, dann sind diese Bücher alle falsch, da auf einen falschen Anfang nichts Richtiges folgen kann, sofern das Weitere diesen Anfang nicht wieder herauskürzt (Und das geht nur durchs nachträgliche „Wie beginnen?"). Dies sind alle wissenschaftlichen Bücher, sofern sie ihre Prämissen, ihre Setzungen, die nicht weiter hinterfragt werden, nicht offenlegen und sofern sie nicht begründen, weshalb sie nicht die Frage „Wie beginnen?" als erste Setzung nehmen. Eine Wissenschaft, die sich nicht im Verhältnis zur Frage „Wie beginnen?" verortet, ist überhaupt keine Wissenschaft, höchstens funktionales Spiel.

Über das Medium Buch hinaus ist die Benutzung von Worten zum Sprechen mit anderen oder mit sich selbst (Denken) irrtümlich, sofern nicht jederzeit klar ist, ob überhaupt etwas gesagt werden oder nicht eher geschwiegen werden soll! Dass überhaupt begonnen werden sollte, dass Sprache und Worte überhaupt benutzt werden sollen, kann nur vorausgesetzt werden, wenn in ihr und mit ihnen gefragt wird, wie damit begonnen werden soll. Denn da nun angefangen wurde, ist das Angefangenhaben gegeben und die Frage, ob überhaupt angefangen werden sollte, muss nach der Frage nach dem Anfangen beantwortet werden. Es kann nicht einfach gesprochen werden, Worte können nicht einfach benutzt werden, Fragen gestellt und Aussagen getroffen werden, solange nicht klar ist, ob überhaupt gesprochen werden soll. Da es in Sprache aber möglich ist, zu fragen „Soll ich sprechen?", muss diese Frage zuallererst gestellt werden. Soll dies Sprechen hier beginnen und falls ja, wie? Die Fragen „Überhaupt beginnen?" und „Wie beginnen?" sind umso notwendiger, da ihre Antwort jederzeit „Ich weiß es nicht" ist. Jede beliebige Aussage, jedes Verwenden von Sprache, das sich über diese Tatsache nicht bewusst ist, nimmt also fälschlicherweise an, dass die Antwort auf diese beiden Fragen ein bestimmtes „Ich weiß .." seien.

Nun könnte angenommen werden, dass die Fragen „Überhaupt beginnen?" und „Wie beginnen?" nur ein einziges Mal sinnvollerweise gestellt werden können und dass die Antwort beim zweiten Aufkommen der Frage nicht mehr „Ich weiß es nicht" sei, da man jetzt ja wisse, dass die Frage sich selbst die Antwort sei. Diese Annahme ist falsch. „Ich weiß, dass ich mich fragen soll, wie ich beginnen soll" kann niemals eine Antwort auf die Frage „Wie beginnen?" sein, ebensowenig wie der Selbstbestätigungszirkel nach „Ich weiß, dass dies richtig begonnen hat, indem es begonnen hat, sich zu fragen, wie es beginnen soll" einfach aufhören kann. In beiden Fällen wäre fälschlicherweise ein Wissen darüber angenommen worden, wie begonnen werden sollte. Das Angefangenhaben verlangt aber vielmehr ein Weitermachen oder ein Zurückgeworfenwerden auf die Frage „Wie beginnen?", die dann entweder ewig außerhalb ihrer Begründung mit sich selbst zirkuliert, oder deren Antwort wieder „Ich weiß es nicht" ist.

Wenn im Kreis gefragt wird „Wie anfangen? Wie anfangen? Wie anfangen?" ist dies keine bloße Wiederholung der Frage selbst, sondern das Sich-Abwechseln der Frage mit einem kurzen Zwischenraum der Stille, die vor den Worten da war und noch zwischen den Worten präsent ist. Das Pochen auf die Frage ist das Zurückblicken auf den Übergang von Stille zu Worten und „Ich weiß (es) nicht" ist der Name der Stille, sodass das Sich-Abwechseln mit sich selbst wirklich der Wechsel zwischen der Frage „Wie beginnen?" und ihrer Antwort „Ich weiß es nicht" ist.

Das Wesen der Frage „Wie beginnen?" ist also nicht, einen Anfang zu setzen und sich selbst zu bestätigen, sondern aufs Anfangen überhaupt zu schauen, welches im Übergang von Wortlosigkeit zu Worten besteht. „Wie beginnen?" versucht also hinter die Benutzung von Sprache überhaupt zurückzugehen und seine eigene Erscheinung zu befragen. „Wie beginnen?" schaut nicht, auf Antwort harrend, nach sich, sondern vor sich. Somit sind „Überhaupt beginnen?" und „Wie beginnen?" zwei Seiten derselben Frage.

Auch beim zweiten und bei jedem beliebigen Aufkommen der Frage „Wie beginnen?" ist ihre Antwort also „Ich weiß es nicht", denn ich kann nichts wissen, wo es nichts zu wissen gibt. Die Frage „Wie beginnen?" steht am Anfang der Worte, wovor keine Worte waren und schaut in den wortlosen Bereich. Hierzu können keine Worte außer „Ich weiß es nicht" gefunden werden. Ihre Selbstbestätigung ist dadurch ewig gültig. Und so kann die Frage „Wie beginnen?" vor ihren Beginn zurückwerfen, oder sie kann zum Ausgang eines Weiterdenkens werden, das nun richtig begonnen hat.

Überhaupt beginnen?

Hat dieses Buch aber überhaupt beginnen sollen?
Ich weiß es nicht.
Wenn es aber nicht begonnen hätte oder jetzt aufhören würde,
könnte es nicht herausfinden, ob es hätte beginnen sollen.
Also muss es so lange annehmen, dass es richtig war, dass dieses
Buch begonnen hat, bis es herausfindet, ob es möglicherweise
nicht hätte beginnen sollen.
Dann muss es sofort enden.

Möglicherweise soll gar nichts gesagt werden, möglicherweise soll nichts aufgeschrieben werden, dieses Buch nicht geschrieben werden, Sprache und Worte nicht benutzt werden, sondern Schweigen und Stille bewahrt werden. Und möglicherweise kann in Stille, ohne Worte herausgefunden werden, dass Worte nicht benutzt werden sollen. Dann ist der obige Schluss „Wenn ich aber nicht begonnen hätte oder jetzt aufhören würde, könnte ich nicht herausfinden, ob ich hätte beginnen sollen" falsch. Da dieses Buch die Frage aber mit Worten stellt, soll die Antwort auf diese Frage zunächst auch in Worten gesucht werden.

Falls ich hier herausfinde, dass es nicht hätte beginnen sollen, wird es sofort aufhören. Bis dahin wird aber angenommen, dass es tatsächlich beginnen sollte und also auch richtig gefragt wurde: Was auch immer es ist, was hier begonnen hat: Hat es richtig begonnen? Wie soll es beginnen?

Wie weiter?

Wie soll es weitergehen?
Ich weiß es nicht.

Wenn ich aber nicht weiß, wie es weitergehen soll,
(während die Gedanken aber offenbar weitergehen,)
dann muss ich mich fragen, wie es weitergehen soll.

Wenn es richtig begonnen hat, indem gefragt wurde „Wie beginnen?", dann geht es richtig weiter, indem ich frage „Wie weiter?". Aber ich weiß doch gar nicht, ob ich überhaupt richtig begonnen habe. Denn wenn ich es wüsste, würde die Selbstbestätigung nicht mehr funktionieren, da diese auf das „Ich weiß es nicht" und also auch auf das Bestehenbleiben des „Ich weiß es nicht" angewiesen ist. Sobald ich weiß, dass ich richtig begonnen hätte, habe ich nicht mehr richtig begonnen. Die Frage ist ewig.
Kann die Frage „Wie weiter?" auf dieselbe Weise ewig sein? In diesem Buch, in dem der Text offenbar weitergeht, erscheint sie mit einer gewissen Notwendigkeit. Aber hat sie dieselbe Notwendigkeit im Denken?
Wenn sich „Wie beginnen?" mit dem Zustand des Nichtdenkens abgleicht, aus dem heraus das Denken begonnen hat, dann gleicht sich „Wie weiter?" mit demselben Zustand ab, nun aber mit Blick auf dessen Wiederkehr oder mit Blick auf die nun bekannte Möglichkeit seiner Überschattung durch einen Gedanken.
„Wie weiter?" schaut also auch auf sich selbst und untersucht, wie lange sich dieser Gedanke halten kann, wie lange er sich gegenüber dem Nichtdenken behaupten kann. Und er schaut nach sich und ahnt schon das Komplement der Frage „Wie beginnen?" in der Frage „Wie enden?" und bildet die Brücke zwischen den beiden.
Jedenfalls sinkt die Frage „Wie weiter?" ebenso konsequent in Stille zurück wie die Frage „Wie beginnen?". Ebenso wie die Antwort auf „Wie beginnen?" niemals „Ich weiß, dass ich richtig beginne, indem ich mich frage ‚Wie beginnen?'" ist, gibt es keine Antwort auf die Frage „Wie weiter?", die die Aura des „Ich weiß, dass .." trägt. Ich

weiß niemals, ob es richtig weitergegangen ist. Ich weiß nur, dass ich mich fragen muss, wie es weitergehen soll, wenn ich nicht weiß, wie es weitergehen soll, während es aber weitergehen soll. Ich weiß aber gar nicht, ob es überhaupt weitergehen soll. Und ich kann mich nur dann sinnvollerweise fragen, wie es weitergehen soll, wenn ich nicht weiß, wie es weitergehen soll.

Sobald ich also vermeinte, dass ich es wüsste, wird die Frage falsch. Dann stellte ich fortan diese oder jene Frage und fragte nach dem Weitergehen dieses oder jenes Buchs oder Gedankengangs. Ich frage aber, wie es überhaupt weitergehen soll! Es kann also keine wissbare Bedingung geben, zu der die Frage in Relation treten kann, ohne aufzuhören die relationslose, absolute Frage zu sein, die sie aber ist.

Außerdem kann auf die Feststellung „Wenn ich aber nicht weiß, wie es weitergehen soll, dann muss ich mich fragen, wie es weitergehen soll" nicht die Konklusion „Also muss ich mich fragen, wie es weitergehen soll" folgen, obwohl die Prämisse gegeben ist! Es ist zwar richtig, die Frage zu stellen. Es ist aber nicht richtig, daran zu denken, dass die Frage zu stellen sei, weil das eben nicht das Stellen der Frage, sondern ihre Vermeidung ist. Die falsche Feststellung, es sei richtig, die Frage „Wie weiter?" zu stellen würde sonst in einen endlosen Zirkel führen, in dem es eben nicht weiterginge. Die Frage kann zwar immer wieder gestellt werden und sie ist auch richtig, da sie selbst aufs Nichtdenken ausgerichtet ist, aus dem sie erscheint und in das sie wieder hineinsinken wird. Sie wird aber falsch im Zirkel ihrer Selbstbestätigung, wenn sie gegenüber den Aussagen, die sie bestätigen, verschwindet und nur das Füllglied zwischen diesen einnimmt, ihrem eigentlichen Wesen beraubt, ins Gegenteil verkehrt (Es sei denn, man bemerkt die Instabilität dieses Zirkels, der aus gedanklicher Ermüdung, wie jeder Gedanke überhaupt, auch wieder in Stille sinken wird). Aber streng genommen muss man sagen, dieser Zirkel ist falsch:

Wie weiter?
Ich weiß es nicht.
Wenn ich aber nicht weiß, wie weiter, dann muss ich mich fragen, wie weiter.

Also: Wie weiter?
Ich weiß es nicht.
..usw.

Ebensowenig funktioniert die Frage „Wie beginnen?" in solch einem Zirkel. Nach einmaligem Aufkommen hat das Buch ja schon begonnen. Im Buch tauchen also beide Fragen („Wie beginnen?" und „Wie weiter?") ein Mal auf. Im Denken erfüllen sie ihren Zweck beliebig oft, wenn sie im konsequentesten Fall selbst das „Ich weiß es nicht" noch als zu definitiv und scheinbar gewusste Aussage ablehnen. Woher weiß ich denn, dass ich nicht weiß, dass ich richtig begonnen habe? Es kann nur die Stille auf beide Fragen folgen, aus der beide hervorgegangen sind.

Wie enden?

Und wie soll es irgendwann enden?
Auf welches Ende zielt das,
was hier richtig begonnen hat und richtig weitergegangen ist
und wovon ich nicht weiß, wie es weiterhin weitergehen soll?

Auch hier ist die Antwort wieder „Ich weiß es nicht". Aber weiß ich nicht schon zu sehr, besteht nicht die Gefahr, dass ich zu sehr weiß, dass ich es nicht weiß? Ich schreibe es lieber gar nicht hin, auf dass die Stille notiert ist, die mit „Ich weiß es nicht" eigentlich gemeint ist. Selbst „Ich weiß es nicht" ist noch zu viel Antwort auf Fragen, die das Gegenteil einer Antwort wollen. Und das Gegenteil einer Antwort sind nicht Fragen, sondern das Ausbleiben von Antwort oder Folgefrage. Jede Frage behauptet ja auch eine Aussage in sich. Mindestens dass sie zurecht gestellt sei. Die in jeder Frage versteckte Aussage ist das in jedem „Ich weiß es nicht" versteckte „Ich weiß".
Selbstverständlich war schon die Frage „Wie beginnen?" identisch mit der Frage „Wie enden?". Beide blicken ins Nichts, das sie sich sofort zurücksehen, unmittelbar nachdem sie aufgekommen sind. Beide Fragen sehnen sich nach ihrer eigenen Abwesenheit. Jeder andere Beginn eines Buchs blickt auf und freut sich auf einen bestimmten bevorstehenden Inhalt eines Buchs. „Wie beginnen?" aber blickt zurück, fragt nach dem Entstandensein gegenüber dem vorigen, vermeintlich aufgegebenen Zustand des Noch-nicht-entstanden-Seins. Und wenn hier ein Buch mit einem gewissen Verlauf entsteht, dann muss es auch wieder zugeklappt werden, es muss enden, sonst kann es nicht gedruckt werden. Und das Ende irgendeines Buchs ist der Beginn des nächsten oder die Erinnerung an seinen Inhalt. Dieses Buch aber fragt von vornherein danach, was nach seinem Ende ist und es weiß es nicht. Also ist es das große Ich-weiß-es-nicht. Also ist nach dem Ende genau so wenig wie vor seinem Anfang.
Oder bleibt ein kleines Fragezeichen, das ausgesagt wird? Ein „Gibt es im Denken/in Sprache etwas zu erledigen?". Nein. Dieser

Kontext, die umkreisenden Gedanken mögen diese Frage stellen. Aber „Wie beginnen?" und „Wie enden?" verweisen kompromisslos ins Nichts, aus dem sie hervorgegangen sind und in das sie wieder hinabsinken werden.

Welchen Inhalt soll dieses Buch haben?

Die Fragen
„Wie beginnen?",
„Wie weiter?" **und**
„Wie enden?"
sind zusammengenommen die Frage *„Welchen Inhalt soll dieses Buch haben?".*

Also: Welchen Inhalt soll dieses Buch haben?
Ich weiß es nicht.

Einzeln gestellt und ohne einen Bezug auf dieses Buch zu denken, verweist jede der drei Fragen (Wie beginnen?, Wie weiter?, Wie enden?) ins Nichts, das vor und nach Gedanken herrscht. Dass sie in diesem Buch aber nacheinander auftauchen, gibt Anlass dazu, sie zusammenzunehmen und gemeinsam als Anfang eines Buchs anzusehen, dessen Verlauf somit hier zur Frage steht.
Diese vierte Frage dieses Buchs wechselt vom doppeldeutigen Bezug (auf dieses Buch und aufs Denken überhaupt) der ersten drei Fragen zum eindeutigen Bezug aufs Buch. Dennoch ist klar, dass dieses, wie jedes, Buch einen Gedankenverlauf abbildet. Die Frage „Welchen Inhalt soll dieses Buch haben?" ist also auch die Frage „Welcher Gedankenverlauf soll hier abgeschritten werden?".
Dass auch die Antwort auf diese Fragen „Ich weiß es nicht" bleiben muss, wird im übernächsten Abschnitt besprochen werden.

Welches Buch ist das,
von dem ich weiß, dass es richtig begonnen hat,
und von dem ich nicht weiß, wie es weitergehen (und enden)
soll,
dessen Inhalt ich also nicht kenne?

Andere Bücher beginnen, gehen weiter und enden richtig,
wenn Anfang, Mitte und Ende sowie der Titel zueinander passen.
Bei diesem Buch weiß ich aber unabhängig von seinem Inhalt,
dass es richtig begonnen hat,
weil sein Anfang seine Richtigkeit aus sich selbst heraus
begründet.
Also hat dieses Buch nicht im Hinblick auf seinen Inhalt
oder aus diesen oder jenen Gründen richtig begonnen,
sondern es hat überhaupt richtig begonnen.

Wenn es also auch überhaupt richtig weitergeht,
den überhaupt richtigen Inhalt hat
und schließlich überhaupt richtig endet,
dann ist es das überhaupt richtige Buch.

Das überhaupt richtige Buch wäre dasjenige Buch, von dem es
nicht in dieser oder jener Hinsicht, sondern überhaupt richtig
wäre, es zu lesen, seinen Verlauf zu denken, oder es zu
schreiben.
Es wäre also die Antwort auf die Fragen

*„Wenn überhaupt ein Buch geschrieben werden soll, dann
welches?"* und
„Wenn überhaupt ein Buch gelesen werden soll, dann welches?"
sowie
„Wenn überhaupt etwas gesagt werden soll, dann was?" und
„Wenn überhaupt etwas gedacht werden soll, dann was?".

Es wäre also Das Eine Buch.

**D.h. es wäre unter allen möglichen Büchern dasjenige Buch,
das bestimmt ist, ohne durch irgendetwas bestimmt zu werden,
da es (als einziges) durch seine völlige Unbestimmtheit bestimmt
ist.
Es wäre das einzige Buch, das sich ohne weitere Bestimmung von
allen anderen Büchern abhebt
und somit das Eine Buch, an das gedacht werden muss, wenn im
Allgemeinen an Bücher überhaupt gedacht wird.**

Das eine Buch, das einzig ohne eine mögliche hinzufügbare weitere Bestimmung den bestimmten Artikel trägt, kann auch Das Buch genannt werden. Das „eine" wird nur zur Betonung hinzugefügt, um anzuzeigen, dass es hiervon nur dieses eine gibt.

Im Verlauf dieses Buchs muss die Frage, ob überhaupt ein Buch geschrieben werden soll, ob überhaupt etwas gedacht und gesagt werden soll, noch beantwortet werden. Sofern aber überhaupt etwas gesagt und geschrieben werden soll, dann ist es dies hier.
Wenn herausgefunden würde, dass überhaupt nichts gesagt und überhaupt kein Buch geschrieben werden soll, würde es sich als Fehler herausstellen, dieses Buch geschrieben oder gelesen zu haben. Dieses Buch geht aber diesen Weg. Wer den Weg der Stille beschreiten möchte, möge es beiseite legen, aber auch kein anderes Buch in die Hand und auch kein Wort mehr in den Mund nehmen.
Die Aussage „Wenn ich dieses Buch nicht schreibe, werde ich nie wissen, ob ich es hätte schreiben sollen" ist falsch. Ich kann von einer Straftat auch wissen, dass sie falsch ist, ohne sie zu begehen. Aber dieses Buch geht den Weg der Neugierde. Diese Aussage ist richtig: Wenn ich dieses Buch nicht schreibe, werde ich nie wissen, wie es ausgesehen hätte.

Der Dunstkreis der Unbestimmtheit, aus dem es sich als Das Eine (einzig durch seine Unbestimmtheit Bestimmte) heraushebt, ist aber noch größer als die Menge aller möglichen Bücher: Unter allen durch Gedanken eingeleiteten Tätigkeiten wäre es die eine Sache, die überhaupt zu tun wäre. Und unter allen Dingen, unter denen man gedanklich eines heraussuchen wollte, wäre es Das Eine Ding, das unter ihnen zu finden wäre. Allerdings glaube ich, dass fast alle Dinge und Tätigkeiten wesentlich nicht gedanklich sind, sodass sich dieses Buch wohl doch, sofern es geschrieben werden soll und kann, mit dem Ruhm begnügen müsste, unter allen Büchern das Eine zu sein.

Dennoch reicht der rein gedankliche Status dieses Buchs als Das Eine auch ins größere Reich der (phänomenalen) Welt der Dinge und auch der Tätigkeiten hinein, sofern diese auch nur die geringste Anknüpfung ans Denken aufweisen. So wird zwar auf der Suche nach einem Kochbuch nicht die Frage gestellt werden, ob überhaupt ein Buch übers Kochen gekauft oder gelesen werden soll. Aber sie sollte gestellt werden (sofern überhaupt Fragen gestellt werden sollen, was nicht sicher ist). Ebenso sollte, statt zu kochen, die Frage gestellt werden, ob überhaupt gekocht werden soll, da sie einen Schritt Zurückgehen bedeutet und auf die Frage hinführt, wie das Denken eigentlich richtig beginnen und voranschreiten sollte. Allerdings steht all das unter der Prämisse, dass jemand, während er kocht, denkt, dass er kochen soll. Wer überhaupt denkt, muss sich fragen, was er denken soll. Wer kocht und dabei nicht denkt, muss nicht anfangen, sich irgendetwas zu fragen.

Während nun Kochbücher oder andere nützliche Bücher nach diesen oder jenen Kriterien hinsichtlich ihrer Güte oder Nützlichkeit beurteilt werden können, genügt dieses Buch, sofern es gelingt, einzig sich selbst. Es ist ja dadurch bestimmt, dass keine Situation, kein Zweck, keine Bedingung, keine Bestimmung genannt werden kann, der es genügt. Wann aber genügt es sich selbst? Dann, wenn es nach seinem überhaupt richtigen Anfang auch überhaupt richtig weitergeht. Aber wie ist das überprüfbar?

(Nachtrag Dezember 2023:
Man könnte dieses Buch auch bescheidener ‚ein Buch‘ nennen, wenn man den unbestimmten Artikel so hört, dass klar ist, dass er nicht deshalb unbestimmt ist, weil die Bestimmung noch bevor-

stünde oder gar möglich wäre, sodass aus diesem ‚Buch‘ dann ‚irgendein Buch‘ oder ‚dieses oder jenes auf diese oder jene Weise bestimmbare oder bestimmte Buch‘ werden könnte. Sondern man müsste den Satz ‚Dieses Buch ist ein(!) Buch‘ hören als Aussage darüber, dass dieses Buch ein mögliches Buch ist und dass es also zurecht überhaupt die Bezeichnung ‚Buch‘ trägt, in welcher Sache es sich selbst prüft, indem es sich selbst befragt, ob es als Buch überhaupt möglich ist. Da das kein anderes Buch tut (da kein anderes Buch mit der Frage ‚Wie beginnen?‘ beginnt), ist wiederum anzunehmen, dass alle anderen Bücher nicht hätten geschrieben oder gelesen werden sollen, weil sie von sich selbst gar nicht wissen, ob sie überhaupt wirklich Bücher sind (in irgendeinem hohen Sinn des Begriffs), in denen also wirklich etwas gesagt wird, das auch gesagt werden soll, oder ob sie nur Sammlungen sind von Wortmüll und somit von gedanklichem Müll.

Die Bezeichnung dieses Buchs als ‚ein Buch‘ grenzt sich also ebenso zu allen anderen, diesen oder jenen „Büchern“ ab und verurteilt sie ebenso wie die Bezeichnung dieses Buchs als ‚Das Buch‘ oder ‚Das Eine Buch‘. Aber während die Selbstbezeichnung als ‚Das Eine Buch‘ später auch relativiert werden muss, indem zum Beispiel die Bibel ein viel größeres Recht auf diese Bezeichnung hat, gerade weil sie sich als Buch nicht aus Worten oder Gedanken begründet und sich also auch nicht selbst begründet, gesteht die Bezeichnung dieses Buchs als ‚ein Buch‘ diese Möglichkeit schon viel früher zu. Die Menge aller möglichen Bücher ist durch die Bezeichnung als ‚ein Buch‘ nicht beschränkt. Der Gedanke aber, dass nicht jedes Buch, das irgendwie beginnt, auch überhaupt möglich ist, lässt erahnen, dass es vermutlich zumindest weniger mögliche als unmögliche Bücher gibt. ‚Ein Buch‘ zu schreiben ist also im diffusen Möglichkeitsraum der Bücher ein abenteuerliches und seltenes, also auch ein ehrwürdiges Unterfangen.

Die Bezeichnung als ‚ein Buch‘ ist unprätentiöser als ‚Das Buch‘, birgt allerdings die Gefahr, die Betonung auf ‚ein‘ zu hören, so als könnte sich die Unbestimmtheit noch bestimmen. Sofern dieses Buch ‚ein Buch‘ ist, ist es nicht ‚ein(!) Buch‘, sondern ‚ein Buch(!)‘ mit Betonung auf ‚Buch‘.)

Ich weiß es nicht.

Wenn der Inhalt dieses Buchs zu seinem Anfang passen soll,
dann muss er sich ebenso wie dieser aus sich selbst heraus
begründen.

Also kann kein Grund für die Richtigkeit des Inhalts dieses Buchs
angegeben werden.
Ich kann weder im Vorhinein noch im Nachhinein wissen,
was der Inhalt dieses Buchs sein soll.
Die Begründung der Richtigkeit des Inhalts kann nicht getrennt
sein vom Inhalt selbst,
sonst würde es sich um ein durch diese Begründung bestimmtes
Buch handeln.

Also ist das ‚Ich weiß es nicht' kein Mangel,
sondern es ist das Wesen dieses Buchs.

Zu prüfen, ob es richtig weitergeht, ist also Aufgabe des Lesers.
Und das Gesetz zur Prüfung ist in jedem Moment:
Ich weiß dann, dass es richtig weitergeht,
wenn ich weder im Vorhinein, noch im Nachhinein hätte wissen
können, dass es so weitergeht.
Wie und ob dieses Buch geschrieben werden kann, weiß ich also
nicht,
aber es wird sich zeigen.

Erst das „Ich weiß es nicht" als Antwort expliziert die Frage „Wie
beginnen?" als „Wie *überhaupt* beginnen?". Nur ein unendliches
Schweigen wäre noch besser als diese Antwort. Das ‚dieses' in „Wie
soll *dieses* Buch beginnen?" könnte sich versteckterweise auf eine
bestimmte Vorstellung eines Buchs beziehen. Beim Schreiben
könnte sich ein Autor dieses oder jenes Buchs genau diese Frage
stellen und dann eine konkrete Antwort darauf finden. Ebenso läuft
dieses Buch in jedem Moment Gefahr, seine Unbestimmtheit zu
verlassen und zu irgendetwas Konkretem, Bestimmtem zu werden.

Aber sein Wert besteht sowieso nur im Gelesenwerden und also steht es stets dem Leser gegenüber, dessen Aufgabe die Prüfung seines Gelingens ist, welches im Verbleib in Unbestimmtheit besteht.

Das 'Überhaupt' ist hierbei und in den bisherigen und weiteren Fragen und Aussagen dieses Buchs richtungsweisend. Es weist stets auf eine allgemeinere Ebene hin, in die das Gesagte einzubetten ist, auf das bezogen es gemeint ist. Es fordert dazu auf, einen Schritt zurückzugehen und den Kontext des Gesagten als das zu nehmen, worauf das Gesagte zielt. Wenn es nun ums Anfangen, Weitermachen, Enden oder um den Inhalt dieses Buchs überhaupt geht, dann sind diese jeweils von der Gedankenlosigkeit umgeben, die vor, nach und außerhalb von ihnen (überhaupt) besteht. Es gibt auch keinen Gedanken, der *der* Gedanke überhaupt wäre. Das Überhaupt des Denkens ist das Nichtdenken, der Hintergrund des Denkens, worin Gedanken eingebettet sind.

Das 'Überhaupt' und das 'Ich weiß es nicht' zielen also auf dieselbe allgemeinere Ebene, den Zusammenhang zwischen Denken, oder nicht, zwischen Denken und nicht Denken, zwischen Denken und Nichtdenken. Ebenso die Fragen nach dem Anfang und dem, was vor dem Anfang war, worin zu finden wäre, ob überhaupt angefangen hätte werden sollen usw. Die Begriffe erklären und verstärken sich gegenseitig. Sie verweisen auf den Bereich des geradeso nicht mehr Wissbaren, aber doch noch durchs Denken Andeutbaren. Wäre klar, was hier wie begonnen werden soll, dann würde sich der Inhalt dieses Buchs im Denken abspielen. Der gemeinsame Nenner ist aber das 'Ich weiß es nicht', das außerhalb des Denkens und an der Grenze des Denkens zu irgendeiner Art nicht Denken oder Nichtdenken verortet ist (ohne tatsächlich verortbar zu sein).

Weniger intuitiv, aber ebenso, verweist der Begriff des 'Einen Buchs' auf diese allgemeinere Ebene der Unbestimmtheit. Scheinbar besteht in der Bezeichnung 'Das Eine Buch' eine große Selbstbehauptung, eine Deutlichkeit, ein Wissen über die eigene Bestimmtheit. Aber es ist nur das Wissen über die Einzigartigkeit der Unbestimmtheit. Es gibt unendlich viele bestimmte Dinge, diese oder jene, es gibt endlos viele Bestimmtheiten. Aber es gibt nur eine einzige Unbestimmtheit. Es gibt kein ‚etwas' in der Unbestimmtheit, das auf diese oder jene Weise unbestimmt sein könnte. Aber innerhalb von Bestimmtheit kann zwischen diesem und jenem unterschieden werden. Es gibt keinen Unterschied, keine Differenz innerhalb der Unbestimmtheit, nur ein Entweder Oder. Es gibt nicht diese oder jene Unbestimmtheit, aber es gibt diese oder jene Bestimmtheit. Die Unbestimmtheit ist Eins, das Buch, das selbst unbestimmt ist, ist dadurch also eindeutig bestimmt.

Inwiefern sich die Bestimmung durch Unbestimmtheit auf andere Gegenstände übertragen lässt, müsste geprüft werden. Später wird gezeigt werden, dass ebenso wie vom Einen Buch vom Einen Gedanken gesprochen werden kann (so wie hier der Eine Gedankengang abgebildet wird, der ebenso durch seine einzigartige Unbestimmtheit eindeutig gekennzeichnet ist). Aber kann von Dem Einen Kuchen gesprochen werden? Nur in einem wiederum näher zu bestimmenden Kontext von Personen, die sich ohne weitere Bestimmung, ohne weiteren Hinweis einig sind, dass dieser der einzigartig beste Kuchen ist oder war, der das Potenzial des Kuchenseins völlig erfüllt hat. Interessant wird noch die Überlegung zu Der Einen Tat sein.

Dass ‚Wie beginnen?', ‚Ich weiß es nicht' und die Frage nach ‚Dem Einen Buch' auf dasselbe abzielen, lässt schon vermuten, dass die Liste der Worte, die sich aufs Unbestimmte beziehen, hiermit noch nicht erschöpft ist. Somit ist klar, dass dieses Buch irgendwie weitergehen kann. Allerdings nicht indefinit, da es sich nicht lange an einem Begriff aufhalten kann, da es sonst als das Buch des ‚Ich weiß es nicht' oder als ‚Das Eine Buch' oder mindestens als ‚Das Buch, das sich für Das Eine Buch hält' bestimmt werden könnte (Welcher ist dieser sich entziehende und doch sich selbst findende Verlauf?). Dieses Buch hält sich nicht für Das Eine Buch und es glaubt auch nicht, richtig begonnen zu haben. Sondern es fragt: Welches ist Das Eine Buch? Und: Wie (überhaupt richtig) beginnen? Und es fragt: Gibt es dieses Buch überhaupt? Kann es überhaupt geschrieben werden? Wie kann ein Buch geschrieben werden, das seinen eigenen Inhalt nicht kennt? Wenn, dann nur als Glücksfall,

da es nicht weiß und ich nicht weiß und auch nicht wissen kann,
wie.

Notizen für die weiteren Kapitel:

BUCH 2: DENKEN

Die Einen Worte
Die Einen Gedanken
Der Eine Gedanke
Was denken?
Das Eine
Das Richtige
Richtung
Das Allgemeine
Das Wesen des Denkens (Was ist das Denken?)
Das Wesen der Wahrnehmung (Was ist nicht Denken?)

//stand am anfang von 2:
.. in 2. vor allem: „liebe" oder „wahrheit" waere plausibel, aber
setzt nicht nichts voraus, sondern unreflektierterweise einiges!
daher is widf das einzig richtige mittel, weil es nichts voraussetzt!!

BUCH 3: FRAGEN

// WidF-Zirkel is einzig ewig, gilt immer, weil man nie weiß, was dF ist!!!!!!
   Was is noch unique an widf? was macht, dass widf gilt!! und wie gilt sie .. viel mehr als alles andere .. Ram Ram

BUCH 4: GEFÜHLE
Das Wichtige (in Abgrenzung zu und analog zu „das Richtige")

- Ob mit oder ohne Denken gf oder neggef Frage ist allgemeiner als die Frage nach Wollen. Denn außerhalb Denken kann evtl trotzdem Wollen sein. .. Drösel das auf.
//Ne, ich glaub, außerhalb Denken ist kein Wollen ... Oder 2grad? Glaub nicht.

MIT „DIE UNENDLK ZW ALLEM" HAB ICH JETZT ERKANNT, DASS AM ENDE VON BUCH 4 AUCH SCHON „ICH" ALS DAS GEFUNDEN WERDEN MUSS, DAS DIESES GF IST! AUFLOESUNG VON SUBJEKT UND OBJEKT VERHAELTNIS. EBENSO IST DADURCH KLAR, DASS KEINE FRAGE DER ENTSCHEIDUNG ZU GF NICHT MAL BESTEHT. ALSO DIE FRAGE, OB ICH ENTSCHEIDEN KANN, DASS GF, IST META-ZU-BEJAHEN!! NICHT NUR ENTSCHEIDUNG (DIE WAERE OBJEKT), SONDERN MAN MUSS NUR BEMERKEN, DASS ICH EH GF BIN!! ENTSCHEIDUNG, DAS ZU BEMERKEN, MAG BESTEHEN. ABER DIE IST NUR VERNUENFTIGE GEDANKENFOLGE, DIE ALS FROHE BOTSCHAFT AUF DIE GEDANKLICHE EINSICHT FOLGT, WODURCH DAS DENKEN GESUND WIRD UND ENDET!!
------------ Wenn du happy bist, was immer der Fall is, weil frohe Botschaft, dass selbst happiness bist, und du denkst, du bist unhappy, dann isses nur das. du bist happy, aber denkst eben, du seist unhappy. deswegen (rueckbezug zu 3) muss denken offenbar enden: weil es mglk (später, in 7, zeigt sich: notwendigk) zu irrtum ist!

-------- syllogismus: stille is ruhe, ruhe is friede, friede is gf. also ist nichtdenken gf. + ich kann mir nicht selbst objekt sein, also bin ich nichtdenken, ruhe, friede, gf identisch.

----------ueberleitung zu 5.:

gf in Selbst is so.

und denken is blick auf welt, objekte und darin liegt auf jeden fall nie das wissen uebers eigene gf!!!! (also doch notwendigkeit von irrtum im denken hier schon!?! net nur mglk. und in 7 is die steigerung dann dass net nur irgendwie irrtum, sondern ggt von wahrheit!)

.. aber man denkt jetzt: ok happy in self, aber vllt gibt's noch besseres, anderes happy in welt,

also suche nach happiness in welt (was besser als „nur" friede waere) in 5. !! Ram Ram

Was denken? – Das Wichtige.

Ich will mich gut fühlen und nicht schlecht.

BUCH 5: WELT

BUCH 6: ANGST

negatives Gefühl
Schmerz
Leid
Angst
Angst vor Angst
unendliche Angst

BUCH 7: SELBST

//welche ueberschr hier?
„Das Gegenteil von der Wahrheit"

Hier, oder in 8?, die Inquiry Reihe, von fern nach nah oso?! bzw
nahes wird fuer selbst gehalten prinzip:
nicht besitz
nicht koerper („mein" koerper, „habe" koerper)
nicht person
...
nicht Verstand?
nicht Bewusstsein
nicht Gewahrsein
nicht Subjekt
nicht mal Selbst!!

Alles ist gut.
Alles ist besser als nur gut.
Alles ist denkbar bestmöglich.
        (darin erklaeren istgleich „am besten")
Alles ist übervorstellbar bestmöglich.
        (Darin zwischenschritte undenkbar und unvorstellbar, nur
erklaeren)

BUCH 8: INHALT

BUCH 9: ENDE

Wie enden?

Skizzen aus zwei Perspektiven: Janice und Kim

Buch 1 – Beginn
Wie soll dieses Buch beginnen? Ich weiß es nicht. Wenn ich
nicht weiß, wie es beginnen soll, muss ich mich fragen, wie es
beginnen soll. Das tue ich ja schon. Also hat es schon (richtig)
begonnen.
Wie soll dieses Buch weitergehen? Was ist der Inhalt dieses
Buches, das richtig begonnen hat? Es ist ein Buch, das nach
seinem eigenen Inhalt fragt, ein Buch, das sich selbst erforscht.
Es enthält die einen, die allgemeinsten Gedanken. Es ist das
eine Buch.
Wie soll es weitergehen? Es geht bereits von selbst weiter.

Buch 2 – Denken
Ich frage mich, wie es richtig weitergehen soll. Ich frage mich,
was die einen, die allgemeinsten, die richtigen Gedanken sind.
Was soll ich denken? Welchen Zweck soll das Denken erfüllen?
Das Denken unterscheidet sich von den Sinneswahrnehmungen
dadurch, dass immer nur ein Gedanke nach dem anderen
gedacht werden kann und somit nur einzelne Dinge gedacht
und nicht Vieles enthalten sein kann. Die Wahrnehmungen
umfassen Vieles gleichzeitig. Das Denken ist also dafür
ausgelegt Weniges zu denken. Wenn ich die einen Gedanken
suche, muss ich allgemein denken, um möglichst viel zu
umfassen. Alternativ denke ich gar nicht, um die Wirklichkeit
nicht zu beschränken.

Buch 3 – Was ist die Frage?
Ich denke ja aber noch. Es ist also die Frage, warum ich
überhaupt denke. Warum kommen die Gedanken? Wonach
suchen sie? Jeder Gedanke muss mit der Frage konfrontiert
werden: „Was ist (überhaupt) die Frage?" Ein Gedanke kommt.
Was ist die Frage (auf die du antwortest)? Da ein Gedanke auf
den anderen folgt, weiß ein Gedanke nicht, worauf er

antwortet. Er weiß also nicht, was die Frage ist/war. Daher: „Was ist die Frage?" „Ich weiß es nicht." „Wenn ich aber nicht weiß, was die Frage ist, muss ich mich fragen, was die Frage ist. Das tue ich: Was ist die Frage? Was ist die Frage? Was ist die Frage…?"

Der Gedanke „Was ist die Frage?" beendet somit jeden anderen Gedanken und folgt nur noch auf sich selbst. „Was ist die Frage?" ist gleichzeitig Frage und Antwort. Es beendet dadurch das Denken. Die wiederkehrende Schleife von „Was ist die Frage?" beendet letztlich sich selbst. Denn sie zeigt, dass kein Gedanke eine Daseinsberechtigung vorweisen kann. Letztlich auch der Gedanke „Was ist die Frage" nicht. Somit endet das Denken.

Buch 4 – Gefühl

Ich bemerke aber, dass ich noch denke.

Abgesehen von Denken und Wahrnehmungen wurden Gefühle noch nicht beachtet. Es ist klar, dass ich mich gut fühlen will und nicht schlecht. Wann fühle ich mich gut? Vielleicht kann mir das Denken ja helfen, dass ich mich gut fühle. Dann will ich nicht aufhören zu denken. Fühle ich mich im Denken gut oder schlecht? Das kommt darauf an, was gedacht wird. Mal so, mal so.

Schlecht fühle ich mich, wenn es ein Problem gibt. Gut fühle ich mich, wenn es eine (Er-)Lösung gibt.

Buch 5 – Welt

Ich gehe davon aus, dass mir das Denken hilft Probleme zu lösen, d.h. es hilft mir, mich gut zu fühlen. Man geht davon aus, dass je mehr man das Denken trainiert, umso schneller kommt man auf Lösungen. Also sollte man möglichst viel denken, um die Probleme in der Welt lösen zu können.

Trotz alledem kann ich aber nie sichergehen, dass mir die Lösung für ein Problem einfällt. Und dass es ein Problem gibt bzw. welche zu lösenden Probleme es geben soll, muss auch erstmal hinterfragt werden.

Buch 6 – Angst

Am besten wäre es, wenn das Denken mir helfen könnte, alle Probleme auf einmal zu lösen. Wenn es mir die Lösung für alle Probleme geben könnte. Oder wenn es das allgemeinste Problem, das alle Probleme umfasst, lösen würde.

Was wäre das größte Problem? Die schlimmste Situation, die man sich vorstellen kann? Es wäre, wenn man sich für immer schlecht fühlen würde. Unendliches Leid empfinden würde. Unendliche Angst verspüren würde. Ein Problem, ohne jemals eine Lösung dafür zu erhalten.

Aber es gibt ja „Was ist die Frage". Die Frage, die ihre eigene Antwort ist. Also ein Problem, das sofort seine (Auf)Lösung mitbringt. Man kann immer an „Was ist die Frage" denken, wenn man nach einer Lösung sucht, und man würde sich gut fühlen.

Aber man könnte „Was ist die Frage" vergessen. Und dann wäre unendliche Angst möglich, dann wäre unendliche Angst da. Folglich hat mich das Denken zu unendlicher Angst gebracht. Denken führt zu unendlicher Angst. Denken ist das allgemeinste Problem. Denken ist Angst. Also ist es notwendig, das Denken zu droppen! Drop it!

Und sieh, wie du dich fühlst. Ohne Denken.

Buch 7 – Selbst

Entspannt.
Frei.
(Er)leicht(ert).
Glück(lich).
Voller Liebe.
Undenkbar gut.

Kapitel/Buch 1: Anfang

Wie soll dieses Buch beginnen? Jetzt hat es ja schon so
begonnen. Dann nochmal die Frage. Antwort: Ich weiß es nicht.
Darauf folgt die Selbstbestätigung.

Wie soll's weitergehen? Das bestätigt sich ebenso selbst, aber
(wie der Beginn) nur ein Mal, denn sonst geht's ja nicht weiter.

Ebenso könnte man fragen ‚Wie (soll dieses Buch irgendwann)
enden?'. Wieder: Ich weiß es nicht. Die drei Fragen
zusammengenommen sind aber die Frage ‚Welchen Inhalt soll
dieses Buch haben?'.

Wieder ist die Antwort ‚Ich weiß es nicht'.
Aber ich weiß, dass es dasjenige Buch ist, das überhaupt richtig
begonnen hat.
Denn es hat nicht im Hinblick auf seinen Inhalt richtig
begonnen, sondern der richtige Anfang bestätigt sich selbst.
Und es gibt keinen anderen überhaupt richtigen Anfang, denn
dieser müsste der Frage standhalten, ob er der überhaupt
richtige Anfang sei. Aber diese Frage ist ja die Frage ‚Welcher
ist/bist du der richtige Anfang?' und dann ist sie ja da und
bestätigt sich selbst und negiert somit jeden anderen
vermeintlich richtigen Anfang.

Wenn dieses Buch also auch richtig weitergeht und endet, dann
ist es das überhaupt richtige Buch, weil es dann die überhaupt
richtigen Anfang, Inhalt und Ende hat.

Was ist also der Inhalt des überhaupt richtigen Buchs?
Was ist der überhaupt richtige Inhalt?
Ich weiß es nicht.

Aber dieses wiederkehrende ‚Ich weiß es nicht' ist kein Manko, sondern das Wesen dieses Buchs .. Zumindest habe ich das sonst immer geschrieben an der Stelle, aber mir fällt gerade die Begründung nicht ein.

Auch ging es hier immer vom Begriff des ‚überhaupt richtigen Buchs' zum Begriff ‚des Einen Buchs', dessen Inhalt wesentlich unbestimmt ist und da es das einzige Buch dieser wesentlichen Unbestimmtheit ist, ist es durch diese Unbestimmtheit bestimmt. So irgendwie. Ich bin heut auch sehr müde übrigens.
:)

Aber das erste Kapitel/Buch ist in ‚Was ist die Frage? 2023' ja sowieso enthalten.

Kapitel/Buch 2: Denken

Überträgt man die Frage nach dem Inhalt des Buchs aufs Denken
(was sowieso nötig ist, da Worte für Gedanken stehen),
dann ist die Frage ‚Welchen Inhalt soll dieses Buch haben?'
die Frage ‚Was soll ich denken?' oder ‚Was soll überhaupt gedacht werden?'.

Die Beantwortung dieser Frage kann über den Umweg über ‚Was KANN überhaupt gedacht werden?' geschehen.
Denn so wie hier ein Wort nach dem anderen steht, folgt im Denken ein Gedanke auf den anderen. Es ist also stets nur ein einziger Gedanke zu einer Zeit, so wie an einer Stelle auf dieser Seite nur genau ein Wort steht. Was kann das Denken also überhaupt? Nur Eines, nur einen Gedanken gleichzeitig in sich beherbergen.

Es sei denn!: Es sei denn, es lässt viele Gedanken schnell aufeinander folgen. Dann kann es scheinbar(!) vieles fast gleichzeitig denken. Das aber ist offensichtlich Hast, Stress und entgegen dem, was das Denken eigentlich kann.

Es kann nämlich gewissermaßen auch mehrere Gedanken zu einer Zeit haben, indem allgemeinere Gedanken viele spezielle Gedanken beinhalten. Also erfüllen allgemeinere Gedanken das Wesen des Denkens eher als speziellere, da speziellere sich tendenziell sehr schnell abwechseln und sich immer wieder von der einen Stelle, die für Gedanken zu einer Zeit da ist, verdrängen müssen. Allgemeinere denken hingegen vieles und können eine Weile bleiben. Zumal es weniger allgemeine Gedanken gibt als spezielle und also gar nicht so viele von diesen da sind, die sich um die Behauptung an dieser Stelle streiten könnten.

Man könnte zu Beginn dieses Kapitels auch fragen: Was ist das eigentlich, Denken? Was ist Denken? Wozu grenzt sich das ab, wie ist es definierbar? Denn ich muss wissen, was denken überhaupt ist (oder, was der andere Beginn war, was es kann), um die Frage beantworten zu können, was gedacht werden soll.

Denken grenzt sich zur Wahrnehmung ab, die wesentlich vieles gleichzeitig zeigt.

Es ist also pervertiertes Denken, das versucht, das Viele in sich abzubilden (denn jeder Gedanke verkürzt das Wahrgenommene unendlich! Es müssten sonst unendlich viele Gedanken gedacht werden). Der Ort des Vielen ist die Wahrnehmung. Der Ort des Wenigen das Denken.

Und was ist das Wenigste im Denken? Noch weniger als ‚Der Eine Gedanke?', nach dem in ‚dem Einen Buch' gefragt werden könnte? – Das Nichtdenken. Gar kein Gedanke. Der Hintergrund des Denkens.

Und das spielt wunderbar mit der Wahrnehmung zusammen, denn wenn da kein Gedanke ist, werden alle Wahrnehmungen einfach unverfälscht zugelassen.
Und dennoch ist da dieses zusammenfassende, bewusstmachend einende Moment des Denkens noch da (=ich, Bewusstsein)! Also Nichtdenken ist nicht Abwesenheit des Denkens, sondern seine Erfüllung!!!! Nichtdenken ist höchstes, reines Denken!!

Mit dem Hinweis aufs Nichtdenken endet das Kapitel 2. Möglicherweise kann ein Vergleich zwischen dem Nichtdenken und dem Undenkbaren, Unvorstellbaren – Gott – gemacht werden.

Außerdem habe ich früher in Kapitel 2 oft über die graduell unterschiedenen Gegensatzbegriffspaare gesprochen, aber das erscheint mir gerade unnötig und mindestens ein Umweg.

Kapitel/Buch 3: Fragen

Ich muss schneller schreiben, sonst werd' ich 2023 nicht mehr fertig. :)

Ich weiß also, Nichtdenken ist die Erfüllung des Denkens. Ich soll nicht denken. Aber warum sind dann hier noch Gedanken? Dann muss ich das Dasein der Gedanken wohl nutzen, um zu fragen: Wie kann das Denken enden?
Und wie hat es denn überhaupt begonnen?

Am Anfang des Denkens muss es einen Übergang vom Nichtdenken ins Denken gegeben haben, so wie es am Ende einen Übergang vom Denken ins Nichtdenken geben muss.

Der Übergang zwischen Gedanken ist aber wesentlich das Fragen. Denn Aussagen und Antworten sind Gedanken, die sich behaupten und stehenbleiben wollen, während Fragen wesentlich wechseln wollen (sei es zu einer Antwort oder zur Pause zwischen Gedanken).

Um an den Anfang und ans Ende des Denkens zu schauen, muss man also fragen.

Und ‚Was ist die Frage?' findet sich so. Denn aufs ganze Denken bezogen heißt ‚Was ist die Frage?': Wonach fragt eigentlich das ganze Denken? What is its purpose (Wie Nici vorhin formuliert hat)? Und auf welche Frage antwortet das Denken als ganzes? Was soll das eigentlich?

Und wie ‚Was ist die Frage?' jedem beliebigen einzelnen Gedanken begegnet, ist als Agent, der das Denken beendet. Denn WidF fragt jeden Gedanken, worauf er antwortet und wonach er fragt, aber kein Gedanke kann antworten, denn kein Gedanke kennt seinen Vorgänger oder Nachfolger, die Reihe, in der er steht. Denn es ist nur ein Gedanke zu einer Zeit und um die Frage zu beantworten, müsste jeder Gedanke weichen. Also sagt WidF zu jedem Gedanken: Weiche! Verlasse die eine Stelle, die für Gedanken zu einer Zeit da ist! Lasse sie leer!

Also beendet WidF jeden Gedanken!
Und WidF bestätigt sich (als der Eine Gedanke, der gedacht werden soll – Heureka) zunächst selbst.
Also ist WidF zunächst das Ja zu sich selbst und das Nein zu allen anderen Gedanken und die Antwort auf die Frage: Soll ich überhaupt denken und wenn ja, was?

Dann beendet WidF auch noch sich selbst, denn es fragt ja nach einer Frage und kann also nicht als Antwort oder gar Aussage erscheinen.

Also beendet WidF zuerst alle anderen Gedanken und letztlich auch sich selbst.
Bzw. vllt auch auf einen Schlag einfach das ganze Denken.
Es sagt: Du sollst überhaupt nicht denken, aber wenn dann WidF.

Kapitel/Buch 4: Gefühle

Warum sind dann aber immernoch Gedanken hier?
Weil ich nicht will, dass das Denken endet!

Denn innerhalb der Wahrnehmung sind Gefühle solche Wahrnehmungen, die Wertung enthalten und die einen neuen Parameter einführen, der sagt:
Ich will mich gut fühlen und nicht schlecht.
Und ich will also nur dann, dass das Denken endet, wenn ich mich im Nichtdenken besser fühle als im Denken, sonst nicht.

Also ist die Frage: Wie fühle ich mich jeweils?

Wie fühle ich mich im Denken?
Im Denken fühle ich mich entsprechend den Gedanken, die ich habe. Also mal gut, mal schlecht. Abwechselnd.

Hier könnte sich die Frage anschließen, wie man eine Glücksphilosophie entwickeln kann, die vermag, das Verhältnis hin zum Überwiegen von positiven Gedanken zu verschieben. Diesen (zum Scheitern verurteilten) Weg verfolgt man hier aber gar nicht (Oder doch in Kapitel 5 dann?).

Denn man schaut zunächst weiter, fragt: Wie fühle ich mich im Nichtdenken?
Dort ist Stille,
Stille ist Ruhe,

Ruhe ist Friede
Und Friede geht mit gutem Gefühl einher.

Im Nichtdenken fühle ich mich also gut! Heureka!

Das gibt WidF mithilfe der wertenden Parameter gut/schlecht
Recht in seiner Behauptung, das Denken müsse enden und in
seinem Unterfangen, es zu beenden.
(WidF argumentiert in Kapitel 3 ja nur damit, dass kein
Gedanke weiß, mit welchem Recht er sich behauptet. In Kapitel
7 kann man dann zeigen, dass sich jeder Gedanke zu Unrecht
behauptet. Bzw. vllt ist das schon (Gedanken verkürzen) in
Kapitel 4 gezeigt.)

Kapitel/Buch 5: Denken

Wieder beginnt das Kapitel (haben Kapitel 3 und 4 beide auch
schon so begonnen?) mit der Frage: Wieso sind Gedanken noch
da? –

Ich weiß zwar, dass ich mich im Nichtdenken gut fühle,
aber vielleicht gibt es doch eine Möglichkeit, mich im Denken
noch besser zu fühlen als im Nichtdenken!
(Nichtdenken als langweiliges Glück, wie im Tiefschlaf. Hier
sucht man eher Abenteuer, Extase usw.)

Außerdem (das ist die negative Formulierung oder der negative
Aspekt desselben sich dem Ende des Denkens
Entgegenstellens):
Ich brauche das Denken, um Probleme zu lösen.

Darauf kann man entgegnen:
Du weißt nie, welcher der nächste Gedanke sein wird.

Also musst du im Denken genauso darauf vertrauen, dass dir die Lösung für ein Problem einfällt, wie du im Nichtdenken (das Vertrauen ist) darauf vertrauen würdest, dass sie dir einfällt, dass du es irgendwie löst oder es sich löst (Ist hier auch darüber zu sprechen, dass Nichtdenken ja wesentlich Tun ist und Denken Hemmnis? Aber wie kommt man darauf?? – Und nur im Tun ist überhaupt Lösung ..).

Aber das glaubt man nicht so recht, dass einem die Lösungen für Probleme mit derselben Wahrscheinlichkeit im Nichtdenken zufliegen wie im Denken. Man will einfach nicht vertrauen, sondern man will Kontrolle und denkt, man könne das Denken trainieren, sodass es künftig immer effizienter Lösungen findet.

Dann kann man sagen, ok, dann machen wir das mal.
Das ist dann Kapitel 6 dieser Versuch.
Allerdings endet dann Kapitel 5 irgendwie anders (nicht mit Hinweis aufs Nichtdenken, ohne happy end) als die anderen Kapitel, mhh. Und irgendwann war Kapitel 5 auch mal das längste Kapitel des Buchs, indem hier wirklich philosophisch die Welt beschrieben wurde .. Aber vielleicht hat das auch nicht seinen Ort hier.

Kapitel/Buch 6: Angst

Sondern, wenn man diese Weltgewandtheit, das letzte Zucken dem Denken zugesteht, dann lässt man es also fragen:
Was gibt es im Denken doch noch zu entdecken?
Bestenfalls: eine Formel reinen Glücks (auch Macht, Wissen??), die Lösung für alle Probleme (negatives Pendant zur positiven Formulierung mittels Glück), quasi den Stein der Weisen.

Reines Glück wäre ja die Lösung für alle Probleme.

(Fällt einem eigentlich vorher schon mal auf, dass ‚Lösung' ja
‚Auflösung', also Abwesenheit von Gedanken bedeutet? In
Kapitel 4, oder erst in 7? Oder hier?)

Also was wäre die Lösung für alle Probleme?
(Dass man mit negativem Fokus fragt, ist für den Verlauf dieses
Kapitels wesentlich. Ist es notwendig, das zu begründen? Falls
ja: Das Ziel ist das Positive, Gute, also arbeitet man sich von
Negativ nach Positiv voran.)

So auch innerhalb der Frage nach der Lösung für alle Probleme:
Denn: Ich weiß nicht, was die Lösung für alle Probleme ist.
Aber wenn ich das größtmögliche Problem lösen könnte, dann
wäre damit mindestens etwas Großes erreicht (was mir
vielleicht Recht geben würde darin, mit dem Denken nicht
aufgehört zu haben), und im besten Fall wäre die Lösung fürs
größtmögliche Problem gleichzeitig auch die Lösung für alle
geringeren Probleme.

Was ist das größtmögliche Problem?
Leid ist schlimmer (weil andauernder und umfassender) als
Schmerz, Angst wiederum das schlimmste (weil durch
Gedanken bewussteste und (zumindest scheinbar) permanent
gemachteste) Leid.
Das größtmögliche Problem wäre also unendliche Angst, falls
es das gibt (‚unendlich' in allen Paramtern: Dauer, Intensität,
Bewusstheit(Umfassen)).
Die Lösung fürs größtmögliche Problem wäre entweder
irgendetwas, was ihm entgegensteht, oder die Einsicht, dass es
unendliche Angst gar nicht gibt, dass das nicht möglich ist.

Also ist die Frage nach dem größtmöglichen Problem und
seiner Lösung:
Ist unendliche Angst möglich?

Dann findet sich WidF als Verunmöglichung unendlicher Angst
(Heureka!)
und als Glücksformel,
denn sie ist, da sie sich selbst Antwort ist, ein immer schon
gelöstes Problem!
Eine Lösung ohne Problem!
An ihr kann ich mich festhalten!
Denn ich kriege immer ein Glücksgefühl (da Lösung als
Gedanke, der mit gutem Gefühl einhergeht, definiert wurde),
wenn ich an WidF denke (zumindest in dem Zirkel) .. oder
durch den bloßen Fokus darauf.
Ich kriege immer ein Glücksgefühl durch WidF, egal wie klein es
ist oder werden mag! Also kann keine Angst jemals unendlich
sein, da WidF im Denken (da es bedingungslos gilt) immer
verfügbar ist! (Und unendliche Angst wiederum gibt's aber nur
im Denken, im Gedanken daran ... Ist das hier logisch? Wird
nämlich gleich relevant.)

Wechsel:
Ich kann WidF aber jederzeit auf immer vergessen.
Also ist unendliche Angst doch möglich.
Und da ich jetzt drauf gekommen bin (Angst vor Angst) dran zu
denken,
ist sie der Fall.

Aber lustig:
Ich wollte eigentlich das Positivste (im Denken) finden
und habe den Karren jetzt an die Wand gefahren und das
Gegenteil von dem entdeckt und erschaffen, was ich eigentlich
finden wollte.

Jetzt kann man sagen: Das ist ja sinnlos, dann musst(!) du das
Denken jetzt ja droppen!
Und wenn ich dann sage, aber das kann ich nicht, ich bin jetzt
panisch mit dem Gedanken an unendliche Angst verhaftet,

dann siehe:

Der Gedanke an unendliche Angst ist (wie jeder Gedanke) abhängig davon, dass du da bist und darauf eingehst, ihn zu denken, ihm zu glauben (Denn siehe das Hin und Her oben: Gerade hast du noch gedacht: Nicht nur ist unendliche Angst unmöglich, sondern mit WidF die Glücksformel gefunden, dann Wechsel ins andere Extrem!).

Und wer bist du, der Gedanken glaubt?
Du bist dieses Nichtdenken selbst. Die ausgedehnte Pause, der Hintergrund des Denkens.

Und Wechsel erneut und finaler und eigentlicher Wechsel, für den die Entdeckung von WidF nur die Trockenübung war:
Du selbst als das Nichtdenken erfüllst nun wirklich das, was WidF gerade behauptet hat zu leisten: Nämlich die Glücksformel zu sein. Denn Kapitel 4 hat schon gezeigt, dass das Nichtdenken gutes Gefühl ist. Und wenn du nun siehst (wie komme ‚ich' hier eigentlich glaubhaft vermittelt ins Spiel?), dass du selbst dieses Nichtdenken bist, dann ist das die denkbar größte glücksverheißendste Entdeckung und der Beweis, dass unendliche Angst unmöglich ist – und nicht nur das! Viel mehr als das, denn in Kapitel 7 wird nun gezeigt, dass das Glück dieser Entdeckung bodenlos und endlos ist!!

Kapitel/Buch 7: Selbst

Hier wieder: Wenn jetzt immer noch Gedanken da sind (Vgl. Beginn voriger Kapitel), dann ist also Inquiry, Self-Inquiry, Selbstbefragung nötig. Hier sind möglicherweise einige beispielhafte Regresse durchzuführen. Diese betreffen immer unhinterfragte Grundannahmen des Denkens, die das Gegenteil der Wahrheit abbilden. Zum Beispiel: Ich bin eine

Einzelheit (ein Körper) oder eine Menge von Einzelheiten (eine Person), dabei bin ich Einheit, Nichts. Nicht mal das .. usw.

Und es ist zu zeigen, dass diese Entdeckung die Einsicht ist, dass alles, was war, ist und jemals sein wird oder kann, das Wesen des Seins selbst nicht nur gut, auch nicht nur besser oder am besten, nicht nur denkbar bestmöglich, auch nicht nur undenkbar bestmöglich, auch nicht nur unvorstellbar bestmöglich, sondern übervorstellbar (d.h. sowohl vorstellbar als auch unvorstellbar) bestmöglich ist!

Dieser Einsicht ist noch ewiger Lobgesang anzuschließen.

Kapitel/Buch 8: Inhalt

Kapitel 8 kann alles Mögliche beinhalten. Ein Inhaltsverzeichnis, ein Glossar, eine Liste von Fragen, Varianten, Versionen des Buchs, Querverweise usw.

Kapitel/Buch 9: Ende

Kapitel 9 fragt analog zu Kapitel 1:
Wie enden?
Wie soll dieses Buch enden?
Im Unterschied zu Kapitel 1 folgt auf diese Frage keine Antwort.
(‚Was ist die Frage?' muss in dir münden!, kann einzig in dir selbst enden!)